빌둥

지적이고 자유로운 삶을 위한 10가지 생각의 기둥

BILDUNG

얀 로스 지음 | 박은결 옮김

빌둥

다산
북스

프롤로그

불완전한 삶의
방향을 찾는
'마법의 주문'

5년 동안 주간지 《디 차이트(Die Zeit)》의 특파원으로 인도에서 지낼 때, 나는 도착한 지 얼마 안 되어 카슈미르 출신의 젊은 작가 한 명을 알게 되었다. 히말라야 기슭에 터를 잡은 카슈미르는 낙원처럼 아름답지만 역사의 저주라도 받은 듯 분쟁이 끊이지 않는 곳이다. 국민 대부분이 힌두교도인 인도에서 유일하게 이슬람교도가 대다수를 차지하는 지역이기 때문이다. 카슈미르 사람들은 그 땅이 인도의 속지라는 사실을 못마땅해한다. 인도의 통치를 증오하고 그들의 잔혹한 억압에 폭력으로 저항한다. 모든 것을 무너뜨리고 모든 희망을 앗아가며 모든 면에서 지저분한 싸움이라는 점에서 카슈미르 분쟁은 팔레스타인 문제만큼이나 크나큰 재앙이지만, 서구권에서는 카슈미르에 관해 잘 알지 못할뿐더러 대부분 무관심하다. 나와 알고 지낸 바샤라트 피어(Basharat Peer)는 바로 이 카슈미르 내전 속에서 자랐고 이에 관해 책을 쓴 작가다. 그는 일상 속에 자리 잡은 시위와 검문에 관하여, 인도에 저항하는 민병대의 일원이 되고자 집을 나선 뒤 다시는 돌아오지 않는 시골 소년들에 관하여, 안보국의 신문 기관으로 잡혀간 이들이 맞을 때면 내지르던 고통스러운 비명에 관하여 책을 썼다.

볕 좋은 어느 봄날 오후, 나는 바샤라트와 함께 인도 델리에 있는 어느 카페 옥상에 앉아 근처의 고급 주택 마당에 심어 놓은 여러 그루의 나무를 내려다보고 있었다. 바샤라트는 당시 영화 각본 작업을 막 마친 상태였다. 인도에서 영화는 크리켓만큼이나 온 국민의 관심이 집중되는 대상이다. 바샤라트가 각본을 쓴 작품 「하이더(Haider)」는 처음으로 '애국'의 프레임을 걷어 내고 인도 정부와 카슈미르 반군 간의 싸움을 현실적으로 그려낸 영화였다. 정치적으로 민감한 소재를 다루는 이 영화에서 또 한 가지 눈여겨볼 만한 점은, 이 영화가 윌리엄 셰익스피어(William Shakespeare)의 희곡 『햄릿』을 영화로 각색한 작품이라는 사실이었다.

바샤라트 피어는 『햄릿』의 비극에서 자신이 살던 고향에 펼쳐진 비극을 보았다. 그는 『햄릿』을 읽던 중 극의 배경이 되는 덴마크를 '감옥'이라 부르는 지점에서 멈칫했는데, 이 단어가 여전히 카슈미르에 주둔 중인 병사들과 반정부 세력에게 가해지는 통행금지와 가택

연금 등을 떠올리게 했기 때문이다. 작품 전반에 불신과 배반의 정치로 숨 막힐 듯한 분위기가 감돈다는 점, 그런 분위기가 일가족 전체에 영향을 미친다는 점, 그리고 그날 오후 바샤라트가 내게 말했듯이 "형제가 형제를 살해"하고, "나의 사람들이던 이들이 돌아서면 적이 된다"는 점에서 두 배경은 너무도 닮아 있었다.

셰익스피어 희곡에서 햄릿의 숙부는 햄릿의 아버지를 살해하고 어머니와 결혼한다. 이것이 극의 배경이자 극 전체를 이끌어가는 동기가 된다. 햄릿은 범행을 저지른 숙부에게 복수하려 하지만 고심에 빠지면서 비극적인 인물이 되는데, 바샤라트의 영화 「하이더」도 마찬가지다. 주인공 하이더의 아버지는 부상당한 게릴라군을 돕는 의사로, 하이더의 숙부는 자신의 형제를 인도 안보 기관에 넘기는 변호사로 등장한다. 그리고 타지에서 유학하던 주인공 하이더는 고향으로 돌아와 사라진 아버지의 행방을 찾기 위해 노력한다. 그 과정에서 아버지를 밀고한 사람이 누구인지 알게 되고 그에게 책임을 물으려 하지만, 하이더는 햄릿과 마찬가지로 우울증, 어머니와 복잡하게 얽힌 관계, 그리고 양심의 가책에 가로막히게 된다. 햄릿을 세계 문학사에서 가장 유명한 인물로 만들어준 그의 의심과 망설임, 내면의 분열과 같은 특징들이 바샤라트에게는 매우 익숙하고 현실적으로 다가왔을 것이다.

"모순과 분열, 그것이 카슈미르의 실상입니다."

햄릿의 문제는 곧 바샤라트의 문제였고, 바샤라트 역시 혁명을 실행에 옮기거나 불의에 맞서 복수에 성공하는 사람이 아닌, 그저 한 명의 지성인에 지나지 않았다.

그날 델리에서 바샤라트와 대화를 나눌 때만 해도 나는 카슈미르에 가본 적이 없었다. 하지만 물론『햄릿』이라면 잘 알고 있었다. 국가의 감시와 복잡한 가족사에 얽혀 옴짝달싹할 수 없는 주인공의 처지와, '저항'과 '무기력' 사이를 오가며 지칠 대로 지쳐버린 그의 이야기는 그 어떤 정치 논문이나 기사보다 더 생생하게 카슈미르에 관해 많은 것을 짐작케 했다. 나는 갑자기 카슈미르라는 낯선 세계 안으로 한 발짝 들어간 기분이었다. 그곳 사람들의 마음을 공감하고 이해할 수 있었다. 셰익스피어와 그의 작품『햄릿』은 바샤라트와 나 사이에 공통분모이자 연결고리를 찾아주었다.『햄릿』은 바샤라트에게 자신의 경험을 표현할 언어가 돼주었고, 나에게는 그 언어를 이해할 능력을 주었다. 400여 년 전에 한 영국 작가가 쓴 희곡이 2014년에 (인도인이고 싶지 않은) 인도인과 독일인을 연결해 준 셈이다. 서양의 먼 옛날 이야기가 지금 아시아에서 일어나는 정치적 분쟁을 이해하는 데 열쇠가 돼주었다. 이러한 일들을 가능하게 하는 예술 작품이나 사상을 일컬어 우리는 '고전'이라고 한다.

이 책에서 다루려는 '교양(Bildung)'은 바로 이러한 경험에 관한 이야기다. 교양은 내가 인도에서 겪은 특별한 일 같은 행복한 경험이지, 결코 갖은 애를 써서 공부하거나 의무적으로 암기해야 하는 대상이 아니다. 교양은 '정보'나 '경쟁'처럼 차갑고 기술적인 개념이 아니라, 사랑과 우정, 여행과 자연처럼 인생을 살 만하다고 느끼게 해주는 것들과 관련이 있다. 교양은 실존적이고 인간적이며, 머리뿐만 아니라 가슴과 영혼을 채운다. 나는 이 책의 독자들이 교양을 통해 기쁨을 누리고 나와 같은 경험을 공유하기를 바란다. 이 책은 소위 '문화유산'이라 일컬어지는 고전들을 편안하게 즐길 수 있도록 돕는 데 목적이 있다. 이 책은 박물관에 안치된 전시품처럼 멀고 어렵게만 느껴지는 고전을 마치 직접 물려받은 유산처럼 가깝고 소중한 것으로 여겨지게 하는 일종의 초대장이자 안내서다.

사실 처음엔 나조차도 '교양'이라는 단어를 들으면 겁부터 났다. 공부벌레가 연상되기도 하고 자녀를 보낼 완벽한 학교를 찾고자 무던히 애쓰는 욕심 많은 부모가 생각나기도 한다. 형식주의나 교육부 장관 회의가 떠오르기도 한다. 상류사회에 들기 위해 인문학을 전공하고 괴테(Goethe)를 인용하던 구시대의 엘리트주의적인 분위기도 연상된다. 하지만 이 모든 건 내가 이 책에서 다루려는 내용과는 거리가 멀다. 나는 교육정책가도 아니고 교수법 전문가도 아니다. 의학을 전공하는 데 라틴어를 공부해 두면 큰 도움이 된다는 사실을 증명할 생각도 없고, 어느 모임에서든 여러 사람과 두루두루 어울리기 위해 반드시 읽어야 할 책들을 나열할 계획도 없다.

교양은 커리어나 교육 정책, 잘난 체를 다 떠나서 매우 단순한 의미를 갖는다. 인생을 잘 살아내려고, 우리가 사는 이 세계를 더욱 잘 이해하려고 노력하는 사람이 나 하나는 아니라는 깨달음 말이다. 셰익스피어처럼 위대한 작가가 창조한 작품 속 인물들은 책이나 연극을 통해 한번 마주치고 나면 우리 곁에 친구처럼 남아 오래도록 말을 걸어온다. 그들의 경험이 곧 우리의 경험이 되고, 작품 속 인물들은 마치 실제로 존재하는 인물들처럼 우리 앞에서 살아 움직인다.

의기소침해지거나 정치적인 고립감을 느낄 때면 햄릿이 눈앞에 나타난다. 사회의 편견과 가족의 반대로 사랑을 잃고 불행에 빠질 때면 로미오와 줄리엣이 등장한다. 질투심에 사로잡히는 순간에는 오셀로가 우리 곁을 지킨다. 세계는 고전이라는 '평행 우주'를 통해 하나의 차원으로 모이고, 점점 더 커지고 또 깊어지지만 수많은 연결고리를 통해 한결 익숙한 모습으로 다가온다. 서로 다른 차원의 세계를 비교하다 보면 현실을 새롭게 바라볼 여지가 생긴다.

독일 튀빙겐에서 대학을 다닐 때 만난 고전어문학자이자 수사학 교수인 발터 옌스(Walter Jens)는 '교양인'의 표본과도 같은 나의 스승이다. 그는 고대 그리스의 신과 영웅이 문학사에서 이토록 큰 역할을 하게 된 배경을 설명하면서 한 연애시를 예로 들었다.

2500년도 더 지난 과거에 세계 최초의 여성 시인 사포(Sappho)가 있었다. 그는 동성 친구를 떠나보낸 뒤 자신의 슬픈 마음을 시에 담아 표현했다. 시가 다루는 소재는 굉장히 사적이고 은밀했지만, 자신이 느낀 감정을 노래하는 방식은 조금도 사사롭지 않았다. 그는 세상에서 가장 아름다운 여인이자 고대 그리스 신화에서 가장 악명 높았던 스캔들의 주인공인 헬레네를 시에 소환했다. 스파르타의 왕과 결혼했지만 아프로디테가 불어넣은 '사랑의 욕망'에 눈이 멀어 남편과 가족, 고향을 등지고 트로이(Troy)의 젊은 왕자 파리스에게로 가버린 한 여인의 사연 말이다. '헬레네 납치 사건'은 트로이 전쟁의 시발점이기도 하다.

왜 사포는 자신이 느낀 그리움과 아픔을 제 이름으로 이야기하지 않고 신화나 문학에서 찾은 다른 사람의 이름을 빌려 이야기했을까? 사포가 쓴 시상(詩想)과 헬레네 납치 사건에는 어떤 연관이 있을까? 사포는 헬레네와 함께하는 한 더 이상 혼자가 아니었다. 사포는 신화 속 인물이 처한 상황을 떠올리면서 자신의 운명과 모든 것을 압도하는 사랑을 이해하고 견뎠다. 자신의 경험을 더 큰 틀에서 바라보며, 말로 다하기 어려운 불행까지도 극복했을 것이다. 사포는 물론 슬프고 불행했겠지만 신화는 마치 그녀의 어깨에 여왕의 망토를 둘러주듯 그녀의 품위를 지켜주었으리라. 헬레네 이야기는 사포를 영적인 고향, 감각과 의미의 우주, 누구도 그녀에게서 앗아가거나 파괴하지 못하는 내면의 세계와 이어주었다. 『햄릿』의 드라마가 바샤라트 피어와 카슈미르 사람들에게 그랬듯이 말이다.

문학과 예술 작품, 역사, 과학, 철학은 마치 좋은 영혼들로 이루어진 구름처럼 우리를 감싸고 있다. 교양을 갖추었다는 말은, 좋은 영혼이 우리에게 말을 걸어 우리를 돕게끔 만드는 마법의 주문을 안다는 뜻이다. 『해리 포터』를 읽은 독자라면 '패트로누스 마법'이 무엇인지 알고 있을 것이다. 마법사들이 디멘터와 대치하는 위급한 상황에서 가장 행복했던 기억이나 사랑하는 사람들을 떠올리며 자신을 지켜줄 수호신을 소환하는 마법이다. 교양은 말하자면 누구나 쓸 수 있는 '인류의 패트로누스 마법'이다.

정의를 실현하기 위한 투쟁에서 문제와 맞닥뜨렸을 때, 교양은 신의 이름으로 부자와 권력자를 비판했던 구약성서 속 선지자들을 동원한다. 동시에 무신론자이자 사회주의 창시자인 마르크스(Marx)와 엥겔스(Engels)의 입을 빌리기도 한다. '선의의 목적을 위해서라면 거짓말이나 전쟁을 용납해도 되는가'라는 딜레마 앞에서는 이마누엘 칸트(Immanuel Kant)가 조언해 주기도 한다. (칸트는 자신이 살던 도시를 단 한 순간도 벗어나지 않고 머릿속에 전 세계를 그렸던 프로이센의 기이한 청년이었다.) '과학자의 책임이 어디까지인가'를 두고 조언이 필요할 때 는 지구가 태양 둘레를 공전한다는 사실을 알고도 교회의 강요와 고 문이 두려워 이를 공개적으로 부인했던 갈릴레오 갈릴레이(Galileo Galilei)를 목격자로 세운다. 이들은 모두 죽고 나서 사라져 버린 지난 날의 권위자들이 아니다. 비록 눈앞에 보이지는 않더라도 우리와 함 께 생각하고 공감하며 세계를 발견해 나가고 지금 여기에서 우리와 함께 살아간다. 교양을 쌓는다는 것은 지식을 늘리고 능력을 키운다 는 의미가 아니라, 이 같은 공동체의 일원이 되어 서로 관계 맺음을 뜻한다.

데이터 홍수에 시달리는 현대 사회에서 때로는 단순한 정보가 위협적으로 느껴질 때가 있다. 하지만 교양은 분명한 방향성을 제시 한다는 점에서 큰 차이가 있다. 교양은 진정으로 중요하고 존속 가 능한 '가치'를 대표한다. 상황에 따라 변하거나 휘둘리지 않는 기준 이 되는 셈이다.

이 책은 서양인의 관점에서 쓰였고, 독자들은 계속해서 고대 그 리스의 인물과 관련된 작품을 마주하게 될 것이다. 이는 내가 독일 인이기도 하고, 학창 시절에 라틴어와 고대 그리스어를 배운 뒤 대 학에서는 고전어문학을 전공했기 때문이라는 걸 이해해 주었으면 한다. 특히 고대에 대한 나의 사랑은 기이할 정도로 유별났다. 나는 이것이 서양 문화를 이해하는 데 바람직한 전제 조건이라고 믿는다.

수천 년의 역사에서 고대만큼이나 유럽의 예술가와 철학자들이 귀중하게 여기고 샅샅이 연구해 온 대상은 없었다. 성경을 제외하면 그 어떤 정신적인 유산도 우리가 '고대인'이라 부르는 이들만큼 우리의 세계관에 강한 영향을 미치진 못했다. 영국의 수학자이자 철학자인 앨프리드 노스 화이트헤드(Alfred North Whitehead)가 고대 그리스의 위대한 철학자 플라톤을 말하며 "모든 서양 철학은 단지 플라톤의 각주에 불과하다"라는 말을 남겼을 때, 그는 누구보다 진지했다.

교양이라는 세계는 분명 유럽이나 서양보다 훨씬 크다. 나는 비록 5년 동안 인도에서 살았지만 내가 보고 들은 바를 모두 모아봤자 4000년 문명의 표면을 살짝 긁어보는 정도에 불과할 것이다. 그래도 나는 인도에서 보낸 시간 덕분에 적어도 인도 향토예술이 지닌 미학을 이탈리아 바로크 양식의 회화만큼이나 진지하게 받아들이게 되었고, 마하트마 간디(Mahatma Gandhi)를 마르크스와 헤겔(Hegel)을 계승해『계몽의 변증법』을 저술한 독일의 철학자 호르크하이머(Max Horkheimer)만큼이나 깊은 통찰력을 가진 비평가로 바라보게 되었다. 내가 살아온 배경과 성장 환경 탓에 이 책은 어쩔 도리 없이 유럽 중심적일 수밖에 없지만, 적어도 편협한 시각으로 쓰인 글은 아니길 바란다. 세계의 중심에 유럽을 앞세우겠다는 생각은 추호도 없었지만, 유럽과 서구권이 고문화(高文化)에서 맡고 있는 핵심 역할에 대해 부끄러워하거나 축소할 생각도 전혀 없다.

앞으로 이어질 내용에는 객관적인 부분도 있고, 주관적인 부분도 있다. 고전이 오늘날 미치는 영향을 다룰 때나, 예전과는 다른 시선으로 인류를 바라보게 해주는 철학을 소개할 때는 개인의 감상과 이론을 적절히 녹여서 썼다. 조금 더 '대중적인' 측면에 가까운 예술과 음악을 다룰 때는 비전문가의 시선에서 전반적인 인상을 전달하는 느낌으로 썼다. 나는 비록 예술과 음악을 몹시 사랑하지만 그 분야의 전문가는 아니다. 따라서 이 책이 알아둘 만한 지식의 모든 개요를 제공하지는 못할 것이다. 아마 대강의 윤곽을 그리는 일도 어려울 수 있다. 그럼에도 나는 교양을 갖추기 위해 읽어야 할 긴 필독서 목록을 작성하기보다는 각 주제에 맞는 예시를 소개함으로써 이와 관련한 두세 명의 인물이나 작품을 다루고자 한다.

책에서 거론하는 작품들을 백 퍼센트 임의로 선택했다고는 자신할 수 없다. 내 배경지식과 선호를 따르고 있으므로 주관적일 수밖에 없음을 밝힌다. 나는 자연과학 분야에는 완전히 문외한이라 해당 분야는 글로 풀어서 설명하기가 어려웠다. 그런데도 우리의 세계관에 혁명을 일으킨 몇 가지 발견과 개혁에 대해서는 서술하였다. 나도 절반쯤 이해한 것들이다. 이 책은 교양에 대해 정의하고 규정하고자 쓰인 책이 아니다. 그동안 학교에서 이뤄진 교양 교육 경험에 대한 인식을 전환하기 위해 쓰였으며, 나아가 새로운 발견을 돕는 것이 나의 목표다. 그 과정에서 나와 다른 의견이 생긴다면 그 또한 언제든 환영이다.

독자들 가운데는 교양에 보내는 찬사가 불편한 이들도 있을 것이다. 불편하다고 느끼는 이유 역시 충분히 도덕적이며 깊이 따져볼 만하다. 결국에는 '현실과는 동떨어진 배부른 사람들의 세계관에 너무도 많은 가치를 두는 게 아닌가?' 하고 의문을 던지는 것이다. 비록 '셰익스피어'의 철자는 몰라도 사람 됨됨이로는 조금도 모자람이 없는 이들을 어떻게 봐야 할까? 좋은 사람이 되는 것이 교양 있는 사람이 되는 것보다 더 중요하지 않을까?

물론 그렇다. 교양은 때때로 가장 중요할 수도 있지만, 먹고사는 문제에 한없이 밀릴 수도 있다. 허세만 가득한 게 아닌 진정한 의미의 '교양인'이라면 누구나 이 사실을 알고 있을 것이다. 우리가 '최후의 심판'을 받을 때 그 누구도 '칸트의 저서를 아느냐'고 묻지는 않을 테니 말이다. (살면서 칸트에 관한 배경지식을 지나치게 많이 뽐냈다면 오히려 심판에서 불리할 수도 있다.) 그렇다고 해서 교양이 도덕적으로, 인간적으로 가치 없다는 뜻은 전혀 아니다. 필수불가결한 조건까지는 아니더라도, 삶의 태도와 사고방식에 깊이 영향을 미치는 교양윤리 같은 게 있다. 교양은 우리의 시야를 넓혀주면서 자신이 사는 세상과 자신만의 세계관에 갇힌 이들의 영혼을 해방시켜 준다. 교양은 상상력이 미치는 경계선을 확장하고 공감과 관용을 가르쳐주며 미래에 펼쳐질 놀라운 것들을 향해 마음을 열게 한다. 동시에 교양은 우리가 어디에서 왔는지 근본을 찾는 일과도 일맥상통한다.

나와 델리의 어느 카페에서 봄 햇살을 즐기던 바샤라트에게 셰익스피어는 단순한 수호신이 아니었다. 바샤라트에게 그는 감독관이기도 했다. 어려운 정치적 갈등이나 전쟁, 내전을 겪고 있는 상황이라면 누구나 자신의 편에 선 사람들을 희생자로 만들고 그 반대편에 선 이들을 가해자로만 여기는 마음이 있다. 하지만 위대한 문학작품에서 선악은 그렇게 경계가 매끄럽지 않다. 햄릿은 예민한 감각을 지닌 양심적인 인간이며 의심할 여지 없이 부당한 일을 겪었지만, 자신이 멸시하거나 가치를 두지 않은 인물들은 주저 없이 살해하거나 죽도록 내버려 두었다. 덴마크 성에서 펼쳐지는 계략의 미로 속에서 끝없이 얽히고설킨 심리 게임은 햄릿의 약혼녀 오필리아를 미치게 만들고, 결국 그녀는 자살하고 만다. 이 비극에 처한 영웅은 여느 만화책이나 독일 민족사에 등장하는 전설 속 영웅과는 사뭇 다르다. 햄릿의 적수들도 마찬가지다. 햄릿의 숙부처럼 형제를 살해하고 왕위를 빼앗은 범죄자들도 그저 무책임하게 잔혹한 일을 저지르진 않는다.

바샤라트는 자신을 『햄릿』에 투영함으로써 마음이 아프더라도 풍자와 이념보다는 진실을 담겠다고 결심했다. 그는 독립을 원하는 카슈미르의 민병대원들을 인도 정부가 바라는 대로 폭탄을 든 정신 나간 테러리스트들이 아닌 지극히 인간적인 모습으로 그렸다. 정부의 협력자들과 경찰 측 스파이에게도 개연성을 주고자 했으며, 자유를 얻기 위해 투쟁하는 사람들의 손에도 피가 묻을 수 있음을 기꺼이 보여주고자 했다. 셰익스피어가 우리에게 알려준 대로 세상은 엄격하고, 모든 행운과 불운은 누구에게든 공평히 찾아온다. 이 사실을 바샤라트도 이해하고 있었을 것이다.

교양을 갖춘다고 해서 바로 좋은 사람이 되는 것은 아니다. 하지만 적어도 교양은 우리가 옹졸하거나 독단적인 사람이 되는 일만은 막아준다. 그것만으로도 교양은 큰일을 해내는 셈이다.

차 례

1부

삶의 기쁨은 어디에서 오는가

2부

성숙한 생각은 어떻게 만들어지는가

1부
삶의 기쁨은
어디에서 오는가

1

고대 그리스

: 본질의 발견

"위대한 존재,

모방할 수 없는 존재가 되기 위한

유일한 방법은 고대를 모방하는 것뿐이다."

그리스 아테네의 아크로폴리스(Acropolis)를 두 눈으로 직접 본 건 부모님과 함께 떠난 열서너 살 무렵의 여행에서였다. 그제야 막 청소년기에 접어든 나는 어른들에 비해 감정세계가 충분히 성숙하지 못했고, 섬세하지도 않은 편이었다. 그래서 당시에는 대체 무슨 일이 일어나고 있는 건지 제대로 이해하지 못했다. 어쨌거나 내가 보기에도 매우 기이한 일이 벌어지고 있었다.

고대 신전을 향해 언덕을 오르고 있을 때였다. 별안간 아버지의 얼굴이 창백해졌다. 아버지는 걸음을 옮기면서 말을 잇지 못했고 급기야는 숨조차 제대로 쉴 수 없었다. 결국 아버지는 자신의 연약한 무릎을 움켜쥐면서 수천 년간 그 자리를 지켜왔을 어느 바위 위에 주저앉고 말았다.

아버지는 피곤하고 지쳐서 털썩 주저앉은 게 아니었다. 눈앞에 펼쳐진 대리석 유적지의 아름다움에 사로잡혀 그대로 얼어붙은 것이었다.

30년 전 부모님이 고등학교에 다닐 때 학교에서는 고대 문화를 특히 강조했다. 고전 언어를 중심으로 아테네의 정치인, 시인, 예술가, 철학자를 깊이 있게 탐구했다. 인류 문명의 정수를 담은, 시대를 막론하고 도달하지 못할 이상을 제시할 불멸의 작품을 중점적으로 다루었다. 하지만 학문으로 접한 고대는 어쩐지 현실과 동떨어진 듯했다. 아서왕과 원탁의 기사 이야기처럼 그저 교과서에 실린 전설처럼 느껴졌다. 그런 고대 문화 유적지를 직접 보게 되리라고는, 눈앞에 두고 손으로 만질 수 있으리라고는 상상하기 어려웠다. 아버지는 교과서 속에서나 보던 대상을 직접 마주하자 묵직한 충격과 함께 이런 생각이 들었다고 한다.

'선생님이 우리에게 항상 이야기하던 세계는 실제로도 존재하던 세계였구나.'

우리는 계속해서 아크로폴리스 언덕을 올라 이윽고 기원전 5세기에 지은 신전에 다다랐다. 아크로폴리스는 고대 아테네의 종교적 중심지였으며 국고(國庫)로 이용했던 건축물이다. 지금으로 치자면 바티칸과 포트 녹스(미국 켄터키주 남쪽에 위치한 육군 기지로 정

26   삶의 기쁨은 어디에서 오는가

부 소유의 금괴가 보관되어 있는 장소로 유명하다 - 옮긴이)의 역할을 한곳에서 수행한 셈이다. 신전이 제 기능을 할 당시에는 지금처럼 우아한 흰 빛깔이 아니라 가지각색으로 화려하게 장식한 모습이었다고 한다. 당시 건축가들은 원주(圓柱)의 장식과 아치, 돌기, 돔, 기둥머리의 소용돌이꼴 장식, 틈새 장식을 활용하기를 즐겼지만 우리가 본 신전의 윤곽은 밋밋할 정도로 장식이 없고 명료하며 소탈했다.

우리는 언덕 비탈 아래 놓인 디오니소스 극장(Theater of Dionysos)을 내려다보았다. 그곳에서 옛 그리스의 희곡작가들은 자신의 작품을 무대에 올리며 오이디푸스와 그의 딸 안티고네, 마녀 메데이아와 같은 영웅들이 극한의 상황에 휘말리는 모습을 연출했을 것이다. '비극'이라는 단어가 생기고 사용되기 시작한 시점이었다. 디오니소스 극장에서 1킬로미터 남짓 떨어진 프닉스(Pnyx) 언덕에서는 대중 집회가 열리며 민주주의가 태동했다.

그날 보고 들은 것 가운데 아직까지도 잊히지 않는 게 있다. 어느 가이드에게서 우연히 들은 한 문장이다.

"잘 보시고, 마음속에 간직하세요(Look at it and keep it in mind)."

우리는 고대 그리스의 중요한 유적들을 발굴하여 전시한 아크로폴리스 언덕 위 박물관에서, 꽤 풍부한 이야기를 곁들이며 전시물을 설명하는 그리스인 가이드와 마주쳤다. 그는 관광객 한 무리와 영어로 소통하고 있었다. 그들은 전시관을 한 바퀴 둘러본 뒤 기원전 460년경에 만들어진 「슬퍼하는 아테나(Mourning Athena)」라는 대리석 양각 작품 앞에 섰다. 아테네의 수호성인이자 '전쟁과 지혜의 여신' 아테나가 옆으로 서 있는 모습을 담은 조각이었다. 머리에는 투구를 쓰고 몸은 살짝 앞으로 기울여 창(槍)에 기댄 채 시선은 아래로 떨구고 있는 모습이었다. 작품 이름처럼 여신이 슬픔에 잠겨 있는지 아니면 깊은 생각에 빠져 있는지 구분할 수 없었다. 어쨌든 작품은 모자라지도 과하지도 않았고 지나치게 냉철하거나 감정이 과해 보이지도 않았다. 모든 것이 완벽하게 조화를 이룬다는 점에서 '고대 그리스·로마 시대적인' 작품의 전형을 보여주었다. 언변이 화려했던 가이드는 조각 앞에 서서 갑자기 입을 다물었다. 그러고는 자신을 따르던 무리를 향해 돌아서며 이 한 문장만을 나직이 읊조렸다. "잘 보시고, 마음속에 간직하세요." 그 외에는 작품에 관한 아무 설명도 덧붙이지 않았다. 그날 이후 이 말은 우리 가족에게 '아름다운 것'과 '위대한 것'을 향한 존경을 나타내는 상징적인 문장이 되었다. 그날로부터 수십 년이 지난 지금까지도 우리 부모님 집 벽난로 위에는 「슬퍼하는 아테나」의 석고 모형이 걸려 있다.

❖ ❖ ❖

내가 나고 자란 독일에서는 고대 그리스에 대한 숭배가 유별났다. 그리스에 대한 찬양은 대안 종교의 성격까지 띠었는데, 이런 분위기는 18세기 중반 구두 수선공의 아들로 태어나 훗날 바티칸의 사서이자 어느 로마 추기경의 보물을 담당하는 큐레이터가 된 요한 요아힘 빙켈만(Johann Joachim Winckelmann)의 부추김이 컸다.

동성애자였던 빙켈만에게는 나체의 남성이 갖는 아름다움을 아무런 구애 없이 표현한 고대 그리스가 하나의 이상이자 자유로운 경험으로 다가왔을 것이다. 1755년 빙켈만은 매우 열정적인 어조로 "예술의 가장 순수한 원천이 열렸으니, 찾아서 맛보는 자는 행복을 느낄 것이다. 원천을 찾는다는 말인즉 '아테네로 향한다'는 뜻이다"라고 설명했다. 이어서 그는 단호한 어투로 동시대인과 후대를 위한 확고한 문화 규범을 제시했다. "위대한 존재, 모방할 수 없는 존재가 되기 위한 유일한 방법은 고대를 모방하는 것뿐이다." 그런데 사실 인문학자들의 마음에 한층 깊이 각인된 문장은 네 단어로 이루어진 다음 문장이었다. "고귀한 단순함, 고요한 위대함(Edle Einfalt, stille Größe)." 빙켈만의 눈에 고대 예술 작품을 관통하는 아름다움의 비밀 공식은 꾸며낸 장식이나 휘황찬란함이 아닌 미학적으로 절제된 표현이었다.

물론 고대 그리스가 완벽했다거나 천국과 다름없었다는 말은 절대 아니다. 아테네는 민주주의가 시작된 곳이지만 노예가 존재했던 사회이기도 하다. 그들은 세련미를 지녔지만 아테네인과 그 이웃이 서로를 잔인하고 야만스럽게 공격하는 일까지는 막지 못했다. 모든 정치적 사건이 벌어지던 고대 그리스의 도시국가 폴리스(Polis)에서는 시민의 재산과 자유를 침해하는 일이 무분별하게 일어났다. 현대의 어느 자유주의 사회에서도 용인되지 않았을 일이다. 인권에도 무지한 시대였다. 아리스토텔레스(Aristoteles)와 같은 철학자조차 아프고 나약한 아이들은 야생에 내버려 두고 죽을 때까지 방치해야 마땅하다고 거리낌 없이 주장했다.

하지만 이 모든 사실에도 불구하고 그리스인들에게는 무언가 특별한 것이 있었다. 15세기 조각가 미켈란젤로(Michelangelo)나 20세기 화가 피카소(Picasso)도 넘어서지 못한 「슬퍼하는 아테나」처럼 그 시대 예술이 지닌 아름다움을 이야기하려는 게 아니다. 그리스인들은 문제의 본질과 사안의 핵심, 현상의 배후, 구조와 원리를 파악하는 데 굉장히 예리하고 때로는 섬뜩할 정도로 날카로운 감각을 보여주었다. 그들은 장막을 걷어버리거나 사안을 바닥까지 파헤치는 데 선수였다. 그들은, 말하자면 본질을 발견했다고 할 수 있다. 껍데기나 환상과는 대비되는 '본질'이라는 개념이 존재한다는 사실을 말이다. 고대 그리스 조각가들이 나체를 표현하는 데 집중한 것은 결코 우연이 아니다.

따라서 고대 그리스를 다룰 때 중요한 건 그들이 얼마나 어렵고 뛰어난 예술을 창조해 냈는지, 이를 이해하는 데 얼마나 많은 배경지식이 필요한지가 아니다. 오히려 그 반대다. 고대 그리스인들은 정밀하고 과할 정도로 세분화된 현대에 살면서 단순함에 전혀 익숙지 않은 우리를 흡사 잔인할 정도의 단순함과 마주하게 만든다. 그리스의 비극 작가 소포클레스(Sophocles)가 남긴 작품은 요즘 나오는 드라마보다 조금도 복잡하지 않다. 실제로 훨씬 단순하고 도식적이기까지 하다. 등장인물의 심리나 무대장치, 문맥과 배경, 작품 의도와 도덕적 의미 등에서 더 단순하다. 어떤 거창한 영웅이 등장해 냉혹한 세계의 질서에 따라 갈등 상황에 치닫다가 몰락하는 공식을 따른다. 거만이나 현혹이 빚은 결과가 정확히 증명되는, 인간의 새로운 시도에 관한 이야기다.

고대 그리스 철학자가 남긴 글에는 각주도 없고 참고문헌도 없다. 읽기 전에 알아둘 약속된 기호나 전문용어도 없이 저자는 독자의 눈앞에 자신이 고안한 개념을 설명하고 사고의 구조를 펼쳐 보인다. 고대 철학자는 철학 교수도, 철학 전문 잡지 평론가도, 철학 관련 방송 진행자도 아니다. 단지 철학자일 뿐이다. 우리에게 익숙한 세상은 이미 모든 것이 다 존재하고, 어떤 일이든 긴 역사와 전력을 가지며, 그 일과 떼려야 뗄 수 없는 전제 조건과 결과가 있는 세상이다.

진정한 의미의 시작이란 없고 반복되는 것들만 이어서 할 뿐이다. 그런 우리와는 달리 고대 그리스에서는 새로운 시도가 가능했다. 역사의 유년기에 펼쳐지는 모험 그 자체였다. 고대 그리스인들의 눈을 통해 보는 세상은 이제 막 만들어진 모습이었다. 인간으로서 할 일은 그저 그 세계를 경탄하는 일뿐이었다.

고대 그리스의 명료함은 매력적이기도 하지만, 무자비한 통찰의 냉혹함이 느껴지기도 한다. 그리스의 역사가 투키디데스(Thucydides)는 자신의 저서에서 펠로폰네소스 전쟁을 묘사했다. 펠로폰네소스 전쟁은 기원전 431년부터 404년까지 아테네와 스파르타 사이에서 벌어진 전쟁이다. 아크로폴리스 신전이 세워진 뒤 곧바로 일어난 전쟁이자, 질기고도 혹독한 형제간의 싸움이었으며, 그리스 고전 시대와 아테네 민주주의 전성기가 괴로운 끝을 마주하는 계기이기도 했다. 투키디데스는 자신의 역사서 제5권에서 아테네인과 작은 섬 멜로스 사이의 논쟁을 다루었다. 아테네인들은 전쟁이 일어날 때를 대비해 그동안 적대 관계에 있던 멜로스로 사절단을 보냈다. 그들을 자신의 편으로 끌어들이기로 한 것이다. 아테네는 강했고 멜로스는 그렇지 못했다. 외교 협상에서 힘의 차이가 얼마나 중요한지는 말할 것도 없다. 투키디데스의 저술에서는 이것이 노골적일만큼 직접적으로 표현돼 있다. 보는 이가 손에 땀을 쥐게 할 만큼 아슬아슬

하다.

아테네인들은 처음부터 모든 도덕적 관점을 내려놓고 말한다. "정의는 세력이 동등한 국가 사이에서만 존재할 수 있다. 강자와 약자 사이에서는 순전히 힘의 논리에 따른 관계만이 존재할 뿐이다. 강자는 할 수 있는 것을 하고, 약자는 견뎌야 하는 것을 견딘다." 아테네인들은 멜로스인들에게 매우 극단적인 선택지를 내놓으며 어떠한 위선으로도 이를 포장하려 하지 않았다. "속국이 되어라. 그러지 않으면 몰락이 기다릴 뿐이다." 멜로스인들은 우호적인 중립성도 수용 가능한 대안이 되지 않겠느냐고 물었다. "그럴 수 없다. 이것이 아테네의 대답이다." 그들은 다른 국가에서도 경외심을 잃고 반란을 일으킬까 봐 멜로스의 요청을 쉽게 받아들여 주지 않았다.

멜로스인들은 흡사 조직폭력배를 상대하듯 강압적이고 잔혹한 논쟁의 분위기에 적응하고자 노력했다. 절망적인 마음을 끌어안고 사안에 대한 논의를 이어가기로 했다. 언젠가는 강자가 힘을 잃고 공정에 기대는 순간이 올 때를 대비해 게임의 규칙을 지키는 편이 좋지 않을까? 과연 잔혹한 행동으로 맞서 증오와 원한을 사고 반발심이나 복수심을 자극하는 게 옳은 선택인가? 아테네의 적이자 또 다른 강자인 스파르타에서 우리를 도우러 오지 않을까?

하지만 아테네의 눈에는 '강한 자의 법칙'이 유일한 '현실'이었다. "모든 인간은 언제나 자연적인 필요에 따라, 자신의 권한이 허락하는 한 통치권을 행사할 것이다. 그것은 우리뿐만 아니라 신들도 마찬가지일 것이다. 이런 법칙은 우리가 만든 것이 아니며 예전부터 항상 존재해 왔다. 이를 따르는 것도 우리가 처음은 아니다. 우리는 이를 유효하다고 받아들였을 뿐이다. 그리고 영원히 유효하도록 후대에 남길 것이다. 우리는 당신들을 포함하여 다른 누구든 우리와 비슷한 힘을 가졌을 때 우리와 똑같이 행동할 것이라는 사실을 알고 있다. 우리는 우리의 방침을 적용하겠다."

아테네 사절단은 멜로스의 어리석은 고민에 고개를 내저으며 떠나버렸다. 곧 아테네 군사들이 나타났고 멜로스를 장벽으로 에워싸면서 공격을 시작했다. 이후 아테네가 병력을 증강하며 전쟁은 본격화됐다. 엎친 데 덮친 격으로 멜로스가 배반을 당하는 일까지 벌어지면서 그들은 순식간에 무너졌다. "멜로스는 아무런 조건 없이 항복했다. 아테네는 멜로스의 성인 남성들을 손에 잡히는 대로 살해했고 여성과 아이는 노예로 팔아버렸다. 이후 아테네는 500명의 이주민을 멜로스 땅으로 보내 이 지역을 새로 개척했다."

우리는 20세기에 일어난 전쟁을 보고 들으며 역사 속 심각한 범죄와 수많은 희생자, 미개한 학살에 둔감해졌다. 하지만 투키디데스가 꾸밈없이 서술한 (고고학자들이 '멜로스의 대화'라고 이름 붙인) 비도덕적인 정치의 파렴치함과 그 과격함은 최근 어떠한 사례에서도 찾아보기 힘들다. 멜로스의 대화에는 그 어떤 종교적인 위장도, 가치에 대한 맹세도, 이념도 없으며 모든 일은 처음부터 끝까지 완전하고 분명하게 의식할 수 있는 그리스의 타오르는 햇빛 아래에서 일어났다. 아테네인들은 강자의 법칙만 행사한 것이 아니다. 그들은 이를 양심의 가책 없이 선언하면서 자신들이 따르는 원칙이 보편타당한 우주의 법칙이라는 점을 공식화했다.

멜로스의 대화를 읽다 보면, 마치 한 자연과학자가 '권력'이라는 화학원소를 어떤 물질과도 섞이지 않은 순수한 상태 그대로 처음 분리해 낸 듯하다. 투키디데스는 오늘날에도 현실 정치에서 최고의 스승이라 불린다. 권력이 어떻게 순수하게 기능하는지 알고 싶다면, 일단 국제 관계 연구는 접어두고 『펠로폰네소스 전쟁사』를 꺼내 읽으면 된다. 다수의 현실 정치 옹호론자들이 '이상주의자들은 순진해서 세상을 이해하지 못한다'라고 비웃는 것과 달리, 투키디데스가 남긴 글에는 웃음기란 조금도 찾아볼 수 없다. 그의 글은 가학적인 만족과 거리가 멀다. 그는 냉정하고 위압적인 태도를 보이려 한 것이 아니라, 그저 진지한 태도를 유지하려고 했다. 어쩌면 속으로는 슬퍼했을지 모른다. 위대한 역사가는 인간의 악함을 발견하고 기뻐하는 냉소주의자가 아니라, 이를 견뎌야 하는 진리의 탐구자이기 때문이다.

❖ ❖ ❖

고대 그리스인들의 타고난 집중력과 본질을 꿰뚫는 능력은 그리스 문학의 시초인 이 작품에서부터 드러난다. 트로이 전쟁의 내용을 담은 호메로스(Homeros)의 서사시 『일리아스』다. 『일리아스』가 정확히 몇 년도에 저술되었는지는 알려지지 않았으나 기원전 800년경이었을 것으로 추측한다. 아크로폴리스 신전이 세워지고, 펠로폰네소스 전쟁과 멜로스의 대화가 이뤄진 것보다 300년 앞선 시점이다. 그리고 작품 속 배경은 그보다도 더 전이다. 반은 역사적이고 반은 신화적인 영웅시대를 담고 있다. 호메로스가 누구였는지, 실존 인물이었는지는 확실하지 않다. 이 서사시가 글자로 기록되기 전에는 아마도 오랫동안 시인들에 의해 기억되고, 구전으로 읊어져 내려왔을 것이다. 어떤 과정에 따라 오늘날 우리가 읽는 책의 형태로 복원되었는지는 정확히 알 길이 없지만, 어쨌거나 『일리아스』는 신중한 숙고의 결과물이며 작품의 저자는 유럽 최초의 시인 호메로스다.

『일리아스』의 어떤 부분이 '전형적인 고대 그리스의 것'일까? 그리고 이 작품 속에서 본질에 대한 집중은 어떻게 구현될까? 앞서도 설명했듯이 『일리아스』는 10년간 이어진 그리스와 트로이 사이의 전쟁을 그린 작품이다. 전쟁은 트로이의 왕자 파리스가 그리스의 왕비 헬레네를 납치한 이후 그리스의 군대가 트로이를 정복하기 위해

영토를 포위하면서 시작된다. 하지만 내용은 설명해 봐야 작품을 이해하는 데 방해만 된다. 호메로스는 자신의 서사시에서 10년 동안이나 이어져 온 전쟁을 이야기하려는 게 아니기 때문이다. 그는 전쟁이 끝나기 직전, 그 몇 주 동안의 이야기를 1만 5693행에 걸쳐 들려준다. 호메로스는 시간 순서에 맞춰 줄거리를 풀어놓는 대신 주인공 내면의 논리를 따라 촘촘한 극을 선보인다. 이야기 전체를 이끌고 지배하는 단 하나의 모티프에 관해, 완전하고, 명확하고, 불가피한, 즉 '고대 그리스적'인 무언가를 창조해 냈다.

이야기를 결속하는 모티프는 '아킬레우스의 분노'다. 사건의 발단은 그리스군의 총지휘관 아가멤논과 그리스에서 가장 강인했던 전사 아킬레우스 간에 벌어진 싸움이다. 우월한 남성들의 적절치 못한 힘겨루기였다. 싸움이 끝나고 아가멤논은 아킬레우스가 전리품으로 데려온 여성 노예를 그에게서 빼앗아간다. 여기서 앞서 빙켈만이 강조한 '그리스의 고귀함'과는 어울리지 않는 만행이 또 한 번 드러나는데, 호메로스의 세계에서 여성은 전리품 가운데 하나였고 전쟁에서 승리한 자들이 성적으로 착취해도 된다는 생각은 당연하게 받아들여졌다. 명성과 평판을 중요시했던 고대 영웅 사회에서 아가멤논의 무례는 용서할 수 없는 모욕이었다. 이 사건으로 아킬레우스는 나머지 그리스인들을 내버려 두고 전장에서 물러난다. 트로이 왕의 아들 헥토르가 지휘하는 강력한 군대를 본인 없이 어찌 상대할지

두고 보라면서 말이다.

　자신의 처소에서 불평 말고는 할 일이 없어진 아킬레우스는 곧이어 실체보다 더 큰 그림자가 되어 줄거리 전체에 드리운다. 전장에 나와 싸워달라는 요청을 줄곧 거부하는, 등장하지 않는 주인공인 아킬레우스가 모든 일의 열쇠가 되는 셈이다. 그리스와 트로이 군대가 부딪칠 때나 그리스인들이 방어전에 돌입했을 때, 독자들은 아킬레우스가 그리스의 편에 서서 함께 싸웠다면 모든 상황이 다르게 흘러갔으리라 짐작한다. 쓰디쓴 패배를 맛본 그리스인들은 아킬레우스에게 전쟁터로 돌아와 달라고 간청한다. 그들은 아킬레우스가 당한 피해와 모욕을 보상하겠다고 약속한다. 아가멤논이 빼앗아간 여성 노예와 금, 잘 다듬어진 솥, 대야, 열두 마리의 말과 포로로 잡혀온 일곱 명의 여성을 돌려주겠다고 기약했으며, 트로이를 정복하고 나면 이보다 더 많은 것을 주겠다고 설득했다. 하지만 이처럼 그리스인들이 완전히 무릎을 꿇었음에도 아킬레우스는 뜻을 굽히지 않는다.

　아킬레우스는 멍청하거나 잔혹한 인물이 아니다. '전쟁 기계'와 같은 모습을 보이지도 않는다. 그는 동독의 소설가 크리스타 볼프 (Christa Wolf)가 1980년대 페미니즘적 평화주의 운동의 관점을 빌려 표현한 것처럼 "짐승(Achill das Vieh)"도 아니었다. 아킬레우스는 이 모든 불화의 시작점에 있는 여성 노예를 진심으로 사랑했다고 말한다.

그러면서 트로이를 둘러싼 살육과 전쟁에는 질렸으며 이제는 평화롭게 살고 싶다고 마음을 내비쳤다. 사실은 아킬레우스의 미래는 이미 오래전에 예언됐다. 예언자는 아킬레우스 앞에 두 가지 길이 있다고 말했다. 한쪽은 전사로서 이른 죽음을 맞이하여 불멸의 영예를 얻는 길이고, 다른 한쪽은 평범하게 오래 사는 길이라고 했다. 아킬레우스는 자신에게 물었다. '후자를 택하지 않을 이유가 무엇인가?'

하지만 동족을 향한 냉정한 배척과 철저한 외면 뒤에는 아킬레우스의 오만과 나르시시즘, 그리고 그가 전장에 버려둔 타인의 고통과 죽음에 눈 감았다는 사실이 자리한다. 『일리아스』라는 공명심과 원칙의 세계에서, 아킬레우스의 운명은 배반을 향해 나아갈 수밖에 없었던 것이다. 독자들은 작품을 읽으면서 아킬레우스의 무절제함에 재앙을 일으킬 위험이 도사리고 있음을 직감한다. 겉으로는 전쟁과 영웅 이야기를 다루는 서사시처럼 보이지만, 실제로는 건장한 남성들이 서로를 베어 죽이는 일보다 그들 내면에서 벌어지는 일들에 초점을 맞추고 있다. 호메로스의 영웅들은 작품 속에서 다양한 경험을 쌓으며, 때로는 모순적이면서도 자신만의 깊이를 갖는다. 마치 살아 있는 사람들처럼 말이다.

시간이 흘러 정말로 재앙이 닥쳐온다. 트로이인들은 공격을 이어가 그리스 진영까지 위협한다. 아킬레우스는 그때까지도 자신의 처소에서 나오지 않다가 마침내 자신의 가장 친한 친구인 파트로클로스를 대리인으로 출전시킨다. 심지어 갑옷까지 빌려주면서 파트로클로스를 자신의 도플갱어(두 번째 자아)처럼 내세운다. 그러나 파트로클로스는 헥토르의 손에 죽음을 맞이한다. 마치 운명이 비웃기라도 하듯, 숙명적이면서도 아이러니한 전환점이 아닐 수 없다. '아킬레우스의 분노'와 그의 자존심, 냉혹함은 그에게로 화살이 되어 돌아와 가장 사랑하는 대상을 앗아간 것이다. 한 위대한 영웅이 제멋대로 권력을 휘두르고 자신감을 과도하게 내비치다가 몰락한다는 점은 이 문학 작품에 시한폭탄이 심어져 있음을 의미한다. 『일리아스』는 300년이 지난 후에야 그리스인들이 완성한 문학 형식, 즉 비극이었던 셈이다.

친구의 죽음을 막기에는 늦어버렸지만 아킬레우스는 아가멤논과의 불화를 묻어두고 마침내 전장으로 돌아가 헥토르의 숨통을 끊어놓는다. 그러고는 헥토르의 주검을 자신의 전차에 묶어 먼지 더미 사이로 끌고 다닌다. 그의 내면은 제 손에 죽은 희생자에 대하여, 그가 사는 세상에 대하여, 어쩌면 자기 자신에 대하여 폭발할 듯한 분노로 가득 차 있었다. 그는 전장으로 돌아가기로 마음먹은 순간, 이미 영웅의 삶에 주어진 '이른 죽음'이라는 운명을 스스로 택했음을 알았던 것이다.

호메로스는 역사의 긴 흐름을 풀어내는 이야기꾼도, 연대기를 빠짐없이 기록하는 작가도 아니었다. 그는 본질을 가려서 뽑아냈다.

영화를 찍는 대신 각본을 쌓아 올렸고, 자신이 고른 짧은 단면으로 트로이 전쟁의 전체를 보여주었다. 아름다운 헬레네가 스파르타에 방문한 파리스 왕자를 어떻게 사로잡았는지, 파리스가 어떤 과정을 거쳐서 헬레네를 배에 태워 트로이로 데려갔는지, 이 모든 사건은 작품에서 서술하는 시기 이전에 일어난 일이다. 그 대신 포위된 도시 트로이에 헬레네가 미친 영향은 담겨 있다. 도시를 황폐화한 전쟁의 시발점은 결국 헬레네 납치 사건이었으므로, 트로이인들은 헬레네를 수상쩍게 생각했어야 앞뒤가 맞는다. 그런데 이들은 헬레네가 납치됐던 숙명적인 그날의 파리스 왕자처럼 무언가에 홀린 듯 헬레네를 바라본다.

10년 동안 이어진 전쟁은 트로이가 몰락하면서 일단락된다. 하지만 호메로스는 이런 결말도 있는 그대로 언급하거나 묘사하지 않고 다른 방식을 통해 시로 끌어들인다. 헥토르의 죽음으로 트로이의 파멸을 암시한 것이다. 헥토르는 트로이인의 희망을 어깨에 짊어지고 있던 인물이다. 헥토르의 죽음으로 트로이의 멸망을 막을 수 있는 것은 무엇도 남지 않는다. 전쟁의 승패는 헥토르가 숨을 거두던 순간에 이미 정해졌고, 헥토르의 마지막은 곧 트로이의 최후를 의미했다. 호메로스는 그리스가 어떻게 트로이를 정복하고 어떻게 황폐화했는지는 말하지 않았지만, 결국 말한 것이나 다름없다. 그는 본질을 파악하고 사안의 핵심을 짚었다.

모든 것의 중심에는 인간이 있었다. 『일리아스』 맨 마지막 장에는 헥토르의 아버지이자 트로이의 늙은 왕인 프리아모스가 몸소 그리스 진영을 찾아나선 장면이 나온다. 그는 아킬레우스의 처소에서 헥토르의 장례를 치르기 위해 시신을 돌려달라고 간청한다. 줄곧 과격했던 아킬레우스는 자신의 친구를 죽인 헥토르가 새와 들개의 먹잇감이 되도록 먼지 구덩이에 내버려 둘 작정이었다. 그런데 프리아모스가 나타나 자신의 아버지에 대한 이야기를 꺼내자 마음이 움직인다. 프리아모스는 자신과 동년배로 늙고 의지할 곳 없는 아킬레우스의 아버지가 살아 있는 아들과 하루빨리 재회할 날을 손꼽아 기다릴 것이라고 말한다. 한편 자신은 아들의 숨통을 끊은 사람 앞에서 제발 시신만이라도 데려가게 해달라고 무릎을 꿇은 신세라고 한탄한다.

독자는 그다음 장면에서 자신에게 글을 읽을 능력이 있음에 감사하게 된다. 늙은 왕은 말한다. "아킬레우스여, 신을 두려워하는 게 좋을 것이오. 당신의 아버지를 생각하여 (나를) 측은히 여기시오. 그분보다 내가 더 동정을 받아야 합당하오. 나는 세상 그 누구도 지금껏 하지 않았던 일을 하며 견뎌내고 있지 않소! 내 아들을 죽인 자의 손에 입을 맞추는 일 말이오.' 이렇게 말함으로써 노인은 아킬레우스의 가슴에 아버지에 대한 그리움과 슬픔을 불러일으켰다." 프리아모스의 말을 들은 아킬레우스는 그를 이해하게 된다. "아킬레우스는 노인의 손을 부드럽게 잡아 옆으로 밀어냈다. 두 사람은 깊은 생각에 잠겼다. 살해된 헥토르를 두고 애통한 마음으로 비참하게 우는 쪽은 노인이었다. 그는 아킬레우스의 발 앞에 구부정하게 엎드렸다. 아킬레우스는 아버지를 그리워하며, 또 파트로클로스를 애도하며 울었다. 두 남자의 흐느낌이 온 집 안을 가득 메웠다. 울 만큼 울고 마침내 슬픔이 잦아든 고귀한 아킬레우스는 가슴과 관절 마디마디에 느껴지던 그리움이 옅어지자 앉아 있던 자리를 박차고 일어났다. 그러고는 노인의 하얀 머리와 하얀 턱을 측은히 여기며 그를 끌어당겨 일으켰다."

아킬레우스와 프리아모스는 괴로운 두 영혼의 연대로 하나가 된다. 괴로움을 모르는 불멸의 존재인 신들과 달리 호메로스가 탄생시킨 인간을 포함한 '죽음을 면치 못하는 존재들'은 고통을 피할 수 없다. 이러한 공통점에 대한 인식은 전장에서 느끼는 적대감보다 더 깊은 감정을 자극한다. 약한 노인이든 원기 왕성한 전사든, 트로이인이든 그리스인이든, 승자든 패자든, 모든 조건은 호메로스가 옆으로 제쳐놓은 부차적인 요소다. 그의 영웅들이 마지막 돌격을 감행할 때 입고 있던 갑옷을 벗어던지고 본래의 상태로 돌아가는 것과 마찬가지다. 결국 마지막에는 나체 상태의 순수한 인간 존재만이 남는다. 상처받기 쉬우면서도 동시에 존엄한, 운명의 굴레에서 벗어난 신들이 경험하거나 달성할 수 있는 그 어떤 것보다 존엄하고도 순수한 인간성만이 남는다. 『일리아스』는 그렇게 인도주의 정신을 발견하며 끝을 맺는다. '잘 보고, 마음속에 간직해야' 할 장면이다.

존경하는 나의 스승 발터 옌스 교수는 '아킬레우스의 분노'에서 찾은 호메로스의 '원인 연구'를 두고 "그리스 정신사의 전부를 관통하는 움직임의 시작"이라 평했다. "마지막에 보여지는 현상의 충만함은 항상 근본적인 원칙으로 되돌아간다. 현상이 지닌 다양성과 통일성을 알아볼 수 있게 되는 것, 복잡함을 줄이는 것, 보이는 것에서 보이지 않는 것을 이끌어내는 것, 드러난 것에서 관념을 끄집어내는 것, 우리를 현혹하는 무언가의 이면에서 진실을 보는 것. 이 모든 것을 가리켜 우리는 '고대 그리스적'이라고 한다."

고대 그리스인들은 생사를 위협받는 순간에도 문제의 핵심을 찌르고 본질에 집중함으로써 세상의 이치를 이해하려는 집착을 놓지 못했다. 멜로스의 대화를 쓰고 펠로폰네소스 전쟁을 기록한 투키디데스는 제삼의 관찰자도 아니고 사건이 발생한 시점으로부터 긴 시간이 흐른 후에 참상을 기록한 작가도 아니었다. 투키디데스는 그리스가 일으킨 자기 학대 사건의 피해자이자 참여자, 목격자였다. 아테네 상류층 집안 출신이었던 그는 동포들이 군사적 실패를 명목으로 자신을 유배 보내기 전까지 전쟁터에서 장군으로 복무했다. 그런데도 그는 이 전쟁과 거리를 두면서 객관성을 유지하고자 노력했고 진상을 규명하려 했다. 마치 자연과학자들이 세계의 기본물질을 찾으려 했던 것처럼 말이다.

투키디데스가 알고 싶어 했던 이야기는 학살이나 원정에 관한 것이 아니었다. 투키디데스는 기원전 431년에 아테네와 스파르타 사이에 벌어진 끊없는 다툼을 무의미한 것으로 치부했다. 진정한 의미를 지닌 갈등의 진원지는 더 깊은 데 있었고, 행위 당사자들은 이를 인지하지도 못했을지 모른다. 이를 끄집어내어 펼쳐 보이는 것은 역사가의 몫이다. "가장 드물게 거론되지만 무엇보다 진실에 가까운 원인은 '아테네의 성장'이었다고 생각한다. 이는 스파르타에 두려움을 불러일으켰으며 스파르타가 전쟁을 일으킬 수밖에 없게 만들었다." 그리스의 오랜 육군 강국이자 주요 세력이었던 스파르타는 짧은 시간에 함대를 가지고 전에 없던 해양국으로 성장한 아테네를 보며 위협을 느꼈을 것이다. 당시 아테네는 매사에 열정적이었으며 야심으로 가득 찼다. 상승세를 탄 세력의 영향력과 기존 세력이 느낄 두려움, 투키디데스는 갈등을 불러일으킨 단순명료한 공식이 여기에 있다고 생각했다. 제대로 교육받은 의사라면 환자의 증상을 잠재우는 데 그치지 않고 마땅히 증상을 일으킨 병의 원인을 정확히 진단해야 하듯이, 투키디데스는 집단적 행위를 법칙에 따라 분석하는 일종의 '정치병리학'을 개발한 셈이다. 그는 전쟁의 광기 속에서 논리를 찾았다.

투키디데스는 대립을 빚은 진정한 원인을 밝혀 사건의 '계기'와 '원인'을 구분했고, 역사를 이해하게 하였다. 제1차 세계대전은 이를 설명하기에 아주 적합한 사례다. 제1차 세계대전의 '계기'는 1914년 6월 28일 사라예보에서 세르비아의 암살자가 오스트리아의 황태자 프란츠 페르디난트(Franz Ferdinand)를 살해한 사건이다. 하지만 전쟁의 진짜 '원인'은 유럽 강대국 간의 불안정한 권력관계에 있었다. 특히 1871년 건국해 역사가 짧은데도 자신감과 야망으로 부풀어 오르던 독일제국(Deutsches Reich)은 오랜 시간 세계에서 손꼽히는 해권국인 영국에 커다란 위협이 되었을 것이다. 부상하는 세력과 지배 세력 간의 대립, 아테네와 스파르타가 서로 대립할 때와 똑같은 모습임을 그때의 전쟁 당사자가 알았다면 역사는 달라졌을까.

교양이 유익하다는 주장은 조금 조심스럽다. 이 말은 자칫하면 누군가의 재미를 망칠지도 모른다. 교양이 구체적으로 어떻게 유용한지 확실하게 증명하기가 어려운 것도 사실이다. 하지만 고대 그리스인들의 통찰력은 여전히 신선하고 진한 감흥을 준다. 무릎을 칠 만한 뛰어난 함축성은 깨달은 바를 쉽게 잊지 못하게 하고, 아득하기만 했던 진실을 순식간에 밝혀주기도 한다. 1860년대 활동한 스위스 문화역사가 야코프 부르크하르트(Jacob Burckhardt)는 엄청난 시간을 뛰어넘어 적용되는 고대 그리스의 놀라운 힘을 근거로 고대의 매력을 서술했다. "우리는 이상화한 고대 아테네를 갈망하며 뜬구름을 잡듯이 그리스를 동경하는 게 아니다. 그 어느 곳보다도 풍요로운 깨달음을 주고 한참의 시간이 흐른 뒤에도 우리 앞의 닫힌 문을 열어줄 열쇠와 같은 대상을 찾는 것이다." 멋진 비유다. 그리스인들은 단지 의미 있는 작품을 창작하는 데 그치지 않고 인류가 계속해서 발전시킬 수 있는 정신적 도구와 사고 모델을 남겼다. 그들이 후대에 남긴 열쇠는 2500년이 지난 현재까지도 멀쩡히 기능할뿐더러 조금도 녹슬지 않았다.

얼마 전 미국의 정치학자 그레이엄 앨리슨(Graham Allison)이 미국과 중국 사이에 향후 군사 갈등의 위험이 존재하는가를 주제로 연구를 진행한 바 있다. 이 또한 기존의 입지를 지키고 싶은 세력과 앞으로 돌진하는 세력 간의 경쟁이다. 미국은 수십 년간 세계 무대에서 군림했고, 중국은 나날이 성공 경험을 축적하며 미국의 입지를 받아들이려 하지 않는다. 앨리슨 교수는 하버드대학교의 프로젝트를 통해 역사상 국제 무대에서 자신의 위상을 높이고자 했던 국가와, 그 움직임을 감지하고 자신의 위치를 방어하기 위해 맞섰던 강대국의 사례 열여섯 가지를 모아 분석했다. 그중 열두 번은 전쟁이 발발했고 단 네 번만이 전쟁을 피해갔다. 21세기의 국제 정세를 낙관할 수 없게 하는 통계다. 앨리슨 교수는 신흥강국과 패권국이 운명적인 결전에 이를 수밖에 없는 이 얽히고설킨 메커니즘에 관해 인상적인 이름을 붙였다. 그의 명명은 다름 아닌 '투키디데스 함정'으로, 이토록 잘 맞아떨어지는 이름도 없을 것이다.

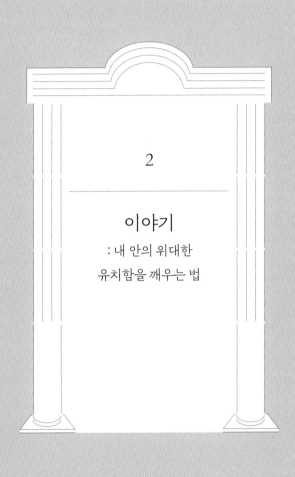

2

이야기
: 내 안의 위대한
유치함을 깨우는 법

"의심할 여지 없이 배우고, 성장하고, 성숙해지는 것과

관련 있는 교양은, 역설적이게도 우리에게

앞으로도 완전한 어른이 되지 말라고 가르친다."

내가 인도에서 머무는 동안 가장 아름다웠던 며칠은 정글에서 보낸 날들이었다. 인도인에게 '정글'은 유럽인이 상상하는 그런 습기 가득한 열대우림이 전부는 아니다. 인도 사람들에게 정글은 사람의 손길이 닿지 않은 모든 곳이었으며, 수천 년에 걸쳐 온갖 생명체가 자라는 곳이자, 웅장한 밀림, 드넓은 열대 초원, 덤불로 우거진 늪지대가 질서 없이 나타나는 그런 곳이다. 그곳에는 코끼리와 호랑이, 표범, 악어, 앵무새, 영양, 원숭이 등이 살고 있다.

우리의 작은 탐험대는 인도 북부에 있는 국립공원으로 향했다. 우리 일행은 영국이 인도를 지배할 당시, 그러니까 100년도 더 전에 지어진 수렵용 별장에서 짐을 풀었다. 여러 개의 기둥이 쪼르르 서 있는 주랑 현관이 운치를 더하는 곳이었다. 탐험대는 그곳에서 나뭇가지로 만든 의자에 기대어 매일 밤 믿기 어려울 정도로 또렷하게 반짝이는 밤하늘의 별을 보며 감탄했다. 우리는 밤만 되면 곯아떨어져서 영양들이 두려울 때 내지르는 소리를 한 번도 듣지 못했다. 그런 소리는 어디에서 나는 걸까. 한 인도인 친구는 어둠 속에서 울타리를 향해 살금살금 기어오는 호랑이를 보고 영양들이 겁에 질려 울었을 것이라고 했다.

우리는 동트기 전인 이른 새벽이나 땅거미가 가라앉는 늦은 오후가 되면 지프차를 몰고 숲속으로 들어갔다. 무성한 관목 수풀 사이로 '우지끈' 나뭇가지가 부러지는 소리를 가장 경계해야 했는데, 그때마다 어김없이 코끼리 떼가 등장했기 때문이다. 우리는 길을 가로지르며 횡단하는 그들 무리에 갇히지 않기 위해 온 신경을 집중해야 했다. 바퀴가 네 개나 달린 수상한 금속체는 그들 무리에게 환영받을 리 없었다. 숲속 곳곳에는 나뭇가지에 뿔뿔이 앉은 원숭이 떼가 마치 다세대 빌라 주민처럼 나무 한 그루를 통째로 차지하고 있는 모습도 보였고, 직접 마주친 기억은 없지만 숲길 가장자리 모랫바닥에서 호랑이들이 남긴 흔적을 보기도 했다.

우리가 정글에서 보고 겪은 이 모든 일의 중심에는 한 권의 책이 있었다. 저녁마다 주랑에 둘러 앉아 몰래 들여온 맥주를 마실 때면 어김없이 그 책이 등장했다. 인도에 서식하는 동식물을 소개하는 안내서는 아니었다. 원시림에서 유년기를 보낸 한 소년의 이야기, 이리 떼의 손에서 자라난 인간 모글리가 온순한 곰 발루와 함께 숱한 모험을 겪으며 펼쳐지는 조지프 러디어드 키플링(Joseph Rudyard Kipling)의 동화 『정글북』이었다.

『정글북』은 한 편의 현대 동화이자 시적인 신화, 그러니까 허구일 수밖에 없는 문학 작품이다. 그런데 자연 한복판에서 키플링의 작품을 접하자 동화 속 이야기가 부쩍 피부에 와닿았다. 원숭이들은 조금 전까지 우리를 환영하듯 손을 들어 인사를 건네다가도 한순간에 도발적인 거만함을 보이며 우리를 무시하기 일쑤였다. 키플링이 묘사한 바와 같이 매우 변덕스러운 데다가 책임감 없이 이리저리 흔들리는 태도를 지녔다고 생각되었다. (보수주의자였던 키플링은 동시대 자유주의자들을 줏대 없는 수다쟁이라고 생각했고 이들을 원숭이의 모습에 빗대어 풍자했다.) 또 동물들의 진정한 왕이자 모든 분쟁의 최종 판결을 내리는 판사인 코끼리 앞에 서면 실제로 경의를 표하고 싶은 마음이 들기도 했다. 가뭄이 오면 곰과 물소, 표범과 호저가 나란히 서서 거의 말라붙은 시냇물을 마실 때 그들 사이에서 유일하게 '물의 평화'를 외칠 수 있는 『정글북』의 하티를 보았을 때처럼 말이다. 길 가장자리에서 마치 장어가 물속을 가르듯 특유의 흔들거리는 걸음으로 빠르게 달리는 몽구스는, 키플링이 다른 작품에서 코브라의 치명적인 천적이자 술수에 능하며 인간과 어울리기를 좋아한다고 묘사한 리키티키타비만큼이나 똑똑해 보였다.

정글에서 며칠 지내면서 갑자기 어린아이가 되어 동화를 있는 그대로 받아들이고 동물들을 마치 털이 수북한 인간쯤으로 여기게 됐다는 뜻은 아니다. 물론 키플링의 문장을 읽어보면 그는 어느 정도 동물을 의인화하는 데 푹 빠진 듯했지만 말이다. 예를 들면 이런 구절이다. "몽구스는 내가 묘사하려는 방향처럼 매우 대담하고 똑똑한 동물이다. 그들은 사람들이 끊임없이 드나드는 집이나 사무실로 찾아와 거기서 만난 사람들과 친구를 맺기도 했다. 한 야생 몽구스는 인도에 있던 내 사무실의 단골손님이었다. 그는 버릇처럼 내 어깨 위에 앉았고, 하루는 그 호기심 어린 코를 내가 물고 있던 담배 끝에 갖다 댔다가 화상을 입고 말았다." 현실에서 우리는 원숭이 무리가 정치적으로 불안정하지 않다는 것을, 코끼리가 야생에서 진정한 의미의 군주는 아니라는 점을 분명히 알고 있었다.

하지만 원시림에서 받았던 인상은 너무나도 감명 깊어서, 마치 문학 속 세계나 마법의 주문처럼 그곳에서 일어나는 모든 일 뒤에는 어떤 의도나 인물의 성격이 자리하고 있어야만 말이 될 것 같았다. 코끼리에게서 느껴지던 위엄은, 그 동물에게서 진정한 통치자의 모습을 보지 못한다면 진실되지 않을뿐더러 그를 모욕하고

삶의 기쁨은 어디에서 오는가

그에게 어떤 불경을 저지르는 듯한 기분이 들게 했다. 한순간도 나뭇가지에 가만히 앉아 있지 못하는 원숭이를 보면 변덕이라는 속성, 사회 분위기의 예측 불가능성을 알아채야 할 것만 같았다. 넘치도록 충만한 자연 속에서 떠오르던 상상은 우리에게 사치도, 망상도 아니었다. 현실과 보조를 맞추기 위해 반드시 해야 할 일이었다. 마치 게임을 즐기듯 상상의 나래를 펼치며 정글에서 마주친 동물들을 『정글북』 속 영웅들과 동일시하지 않았다면, 정글에서의 경험이 지금처럼 강렬하게 남아 있지는 않았을 것이다. 만약 그랬다면 우리는 쉽게 오지 않을 기회를 날린 셈이나 마찬가지였을 테다. 동화 속 꿈과 마법의 세계가 지닌 힘을 빌리자 현실은 그제야 비로소 완전해졌다.

지어낸 이야기, 심지어는 현실과 동떨어진 판타지가 다 큰 성인들을 매료하고 현실을 완전히 이해하는 데 도움을 준다는 것은 따지고 보면 정말 이상하다. 허구를 진지하게 받아들이고, 실존하지 않는 인물과 지어낸 사건에 애정 어린 마음을 쏟는 사람은 이상해 보이기 딱 좋다. 그런 사람이라면 환상과 현실을 명확히 구분하지 못할 것 같고, 또한 구분한다고 해도 지금 발을 붙이고 선 현실에서 건강하고 합리적인 사고를 할 수 없다고 오해를 받을 수 있다. 게다가 지금 우리는 지식과 통찰, 계몽으로 대표되는 교양에 관해 논하기로 했는데, 망상과 공상은 그 대척점에 있는 것 같은 느낌을 지울 수 없지 않은가.

그러나 실은 이런 공상이야말로 (심지어 가장 냉정하고 이성을 부르짖었던 19세기까지 포함하여) 모든 시대와 사회에서 인간의 핵심으로 꼽혔던 요소다. 문화사에서 사실주의로 알려진 19세기는 산업화가 막 시작되고 열차가 등장하던 초창기로, 작가와 화가조차 낭만주의의 몽상에서 벗어나 일상의 현실로 눈을 돌리던 때였다. 그 시대 가장 위대한 작가 중 한 명으로 손꼽히는 찰스 디킨스(Charles Dickens)는 유럽 작가로는 처음으로 미국에서 책을 출간하며 대서양 너머로까지 많은 독자들을 사로잡았다. 그 전에는 누구도 디킨스처럼 계급과 국가 간의 장벽을 뛰어넘어 인기와 영향력을 누리지 못했다. 과장해서 이야기하자면 디킨스야말로 '세계문학의 창시자'라 할 만하다. 문학사 교과서에서는 그를 종종 '사실주의 작가'로 소개하지만 실제로 디킨스는 조금도 사실적이지 않다. 오히려 매우 낭만을 좇는 사람이자 동화 작가이며 마술사였다. 대중은 거리낌 없이 그의 묘기와 주문에 빠져들었다.

당시 작가들은 소설을 곧바로 책으로 출간하지 않았다. 그 대신 이야기를 몇 편으로 쪼개 주간지나 월간지에 먼저 연재하거나 소책자로 따로 발간했다. 1840년에서 그다음 해로 넘어가던 겨울, 뉴욕 항구에는 디킨스의 소설 『오래된 골동품 상점』의 다음 편을 궁금해하던 디킨스 팬들이 모여 런던발 선박을 기다렸다. 마침내 기다리던 배가 항구에 막 닿으려는 순간, 사람들은 참지 못하고 선원들을 향해 외쳤다. "넬은 아직 살아 있나요?" 어린 넬은 디킨스의 이야기에 주인공으로 등장하는 열세 살짜리 영국 소녀다. 도박 중독에 빠진 할아버지와 함께 악마 같은 채권자들을 피해 다니며 피로와 배고픔으로 죽기 직전까지 내몰린 상태였다.

소설이 연재되고 있을 당시, 디킨스는 어린 넬의 운명이 위태로워지자 제발 넬을 살려달라고 청원하는 독자들의 편지를 산더미처럼 받기도 했다. 『오래된 골동품 상점』을 연재하던 잡지는 판매 부수가 훌쩍 늘어나 마침내 10만 부를 찍었는데 당시로서는 놀라운 숫자였다. 어린 넬은 결국 소설 71장에서 죽음을 맞이하게 된다. 디킨스 특유의 서술 방식으로 눈물과 위안이 뒤섞인 가운데 넬이 영원히 잠들자 그 파급효과는 엄청났다. 유명 배우였던 윌리엄 맥레디(William Macready)는 평소 친분이 있던 디킨스에게 이렇게 썼다. "책을 읽고 이토록 큰 고통을 느껴본 적은 지금까지 한 번도 없었습니다." 엄중하고 단호한 평론가로 알려졌던 프랜시스 제프리(Francis Jeffrey)는 어린 넬이 죽음에 이르는 장면을 읽으면서 눈물 흘리던 순간을 친구에게 들키자 이렇게 말했다고 한다. "참지 못하고 터져버린 내 자신이 푼수 같았지만, 도저히 어쩔 도리가 없었네."

제프리는 창피해할 필요가 없었다. 문학 작품이나 기타 예술 작품에 등장하는 허구의 인물을 상대로 감정을 키우는 것, 그들이 처한 운명에 감동받고 마음이 흔들리기도 하는 것은 부끄러운 일이 아니다. 오히려 그 반대다. 상상의 세계를 발견하고, 등장인물에 대한 애정을 키우는 것에서부터 교양을 쌓는 일이 시작된다. 그 순간부터 우리의 모든 정신적, 영적 계발이 시작되기 때문이다. 모든 자연의 법칙을 무시하는 동화, 어떤 현실의 규칙에도 구애받지 않는 모험, 용과 마법사의 주문, 우주선과 레이저 광선, 그리고 새로운 가상현실과 대안 세상이 바로 교양 교육의 출발선이다. 교양은 닥치는 대로 정보를 습득하고 벼락치기 공부를 하며 쌓는 것이 아니라, 환상 속 대상과 함께 살아가면서 시작된다.

상상의 세계에서 즐거움을 얻을 줄 안다면 문학이나 예술 작품을 즐길 수 있다. 허구를 진짜처럼 여기며 스스로를 속이는 것은 어리석음이 아니라 무엇과도 대체할 수 없는 귀중한 능력이다. 나이를 먹으면서 이를 상실한 사람들이 안타까울 따름이다. 이런 능력이 없다면 어떤 소설도 재미를 느끼거나 공감하면서 읽을 수 없고, 연극이나 오페라 공연도, 영화나 드라마도 즐기지 못한다. 에릭 칼(Eric Carle)이 쓴 동화 『배고픈 애벌레』부터 톨스토이(Tolstoy)나 플로베르(Flaubert)가 쓴 대작은 모두 하나의 세계로 이어져 연속체를 이룬다.

모두가 '상상의 제국'에 속하는 셈이다. 무엇이든 쉽게 믿었던 어린 시절의 나보다 아는 것이 많아졌다고 해서, 혹은 동화는 어릴 때나 읽는 것이라고 해서『굶주린 애벌레』를 무시하는 사람이라면『안나 카레니나』나『마담 보바리』역시 진정으로 음미할 수 없을 것이다. 허구의 이야기가 자신에게 해줄 말이 있다고 생각하지도 않고, 상상의 세계를 알아보려는 노력조차 하지 않을 테니 결국 가치 있는 이야기를 듣지 못할 것이다. 깊숙한 곳에 자리한 진실과 그 이면에 다가가려면, 그들의 이야기가 '사실이 아니라는 사실'도 잊을 수 있어야 한다.

의심할 여지 없이 배우고, 성장하고, 성숙해지는 것과 관련 있는 교양은, 역설적이게도 우리에게 앞으로도 완전한 어른이 되지 말라고 가르친다. 교양을 갖춘 사람은 결코 땅에 발붙이고 사는 사람, 즉 통찰력과 분별력을 지닌 사람을 의미하지 않는다. 그 어느 것에도 흔들리지 않는 현실주의자는 더더욱 아니다. 문학 작품과 예술, 인류의 위대한 이야기를 접하려면 어느 정도 순진하고 단순해야 한다. 위대한 이야기만 그런 것이 아니라 위대한 사상도 마찬가지다. 고대 그리스인들은 사물의 이치를 당연하게 여기지 않고 경탄하는 자세에서 철학이 시작됨을 알았다. 놀랍고 대단한 사실의 이치와 해석을 발견하려면, 무엇보다도 먼저 놀라워할 줄 알아야 한다. 틀에 박히고 무감각해져서는 안 된다. 세상이 낸 수수께끼에서 정답을 찾으려면 먼저 이 세상을 수수께끼로, 신비로 받아들여야 한다. 이는 곧 세상을 아이의 눈으로 바라볼 줄 알아야 한다는 뜻이다. 모든 교양인은 각자 마음속에 다른 모습의 문장(紋章, 가문이나 단체의 계보·권위 등을 상징하는 장식적인 마크)을 품고 있는 것과 같다. 저마다의 영웅과 기호가 모여 만들어낸 상징물이기에 각 문장은 고유하며, 서로 뚜렷하게 구분된다. 다만 모든 교양인의 문장에서 공통적으로 보이는 문양이 있다면, 그것은 피터 팬, 즉 '자라지 않는 아이'일 것이다.

물론 논란의 여지는 있다. 상상 속 산물을 대수롭지 않게 여긴다고 해서 그게 곧 예술에 문외한이라는 뜻일까? 꿈의 세계가 실제로도 의미 없는 잡동사니일 가능성은 없는 걸까? 어쩌면 예술이 우리를 기만하고 판단력을 흐리는, 카를 마르크스가 종교를 가리켜 표현했던 것처럼 '민중의 아편'일 수도 있지 않을까? 픽션을 둘러싼 찬반 논쟁은 오래전부터 열정적이고 치열하게 이루어져 왔다. 예술을 적대시하던 일부 세력은 17세기 청교도인들과 같은 편협한 광신도의 모습으로, 극장을 죄악의 장소이자 감각을 자극하는 사악한 장소로 규정하며 닫아버리려 했다. 2001년 3월 이슬람 극단주의 세력 탈레반은 '신은 시각적으로 표현되어서는 안 된다'라는 이슬람 믿음에 따라, 아프가니스탄 바미안(Bamiyan)의 1500년 된, 대체 불가능한 불상 두 좌를 폭파해 버린 일도 있었다.

예리하고 높은 문화 수준을 지니고도 예술을 비판하는 사람들이 있다. 이러한 논쟁이 처음으로 불붙은 시기는 역시나 고대 그리스 시대였다. 서로를 주요 경쟁자로 여기던 이들은 고대 그리스에서 가장 중요한 철학자로 손꼽히는 두 사람이었다. 이들의 대화는 2500년이 지난 지금까지도 생생한 놀라움을 선사한다. 마치 해가 떠오르는 장면을 볼 때처럼 '생각의 일출'을 목격하는 듯한 기분을 불러일으킨다.

논쟁을 벌인 두 사람 중 한 명은 상류층 출신의 플라톤(Plato)이었다. 그는 아테네가 엘리트에 적대적인 민주주의 정책을 펼치자 이에 좌절하며 정치계에서 등을 돌렸다. 그러고는 지혜를 구하는 생활을 하며 연구 공동체를 설립했는데 이것이 바로 아카데미아(academia)다. 독일어로 '학자'를 뜻하는 'Akademiker'도 이곳의 이름에서 유래했다. 플라톤은 이상주의의 창시자였다. 철학에서 말하는 이상주의는 '아프리카 고아들에게 재산을 나누어주는 사람이 이타적이다'라는 사실을 의미하는 게 아니라, 순수하게 지성적 차원에서의 의미를 갖는다. 이상주의자들은 눈에 보이는 물질세계를 현실이라고 보지 않으며, 더 높은 차원이나 내면의 정신적 실제를 반영할 형상일 뿐이라고 생각한다. 그리고 플라톤은 물질적인 사물들이 파생된 근원이자 본질인 그 실제를 '이데아(Idea)'라고 이름 붙였다.

즉, 우리가 감각을 통해 지각하는 현상 세계는 이데아의 영역에서 부정적인 방향으로, 더 비현실적인 쪽으로 한발 떨어져 있는 세계인 것이다. 따라서 어느 예술가가 인간이 지각할 수 있는 이 현상 세계를 작품에 묘사하고 모방하고 재생산했다면, 이는 진정한 실제에서 한발 더 멀어지는 셈이다. 말하자면 예술은 복사본의 복사본, 모조품의 모조품, 가치 없는 공상 세계가 되어버린다. 이러한 사실은 플라톤의 단호한 결정을 정당화한다. 그가 자신의 이상 국가, 즉 자신의 첫 정치적 유토피아의 초안을 구상했을 때 그곳에는 시인과 작가가 설 자리가 없었다. 플라톤은 이들을 추방하려고 했다. 그들의 과도한 감정 표현이 시민들의 도덕성을 단련하는 데 해가 된다고 생각했기 때문이다.

누군가는 플라톤이 아마도 픽션을 제대로 이해하지 못해서 그렇게 얘기했을 것이라 반박할지도 모른다. 모방이라는 개념에는 창의성이 빠져 있는데, 창의성이야말로 예술 활동에 의미를 부여하는 요소이기 때문이다. 게다가 많은 이들은 물질적인 세계를 일종의 그림자 제국으로 보면서 이데아의 세계가 실제 현실이라는 이론도 괴상하다고 생각할 것이다. 그러나 한편으로는 자칫 어리석어 보일 수 있는 이러한 주장을 한 사람도, 사실 그 자신은 문학 쪽에서 타고난 재능을 가진 인물이라는 사실을 잊어서는 안 된다. 플라톤은 후대의 그 누구보다 자신의 철학을 언어로 알맞게 표현한 사람이었고 훌륭한 작가였다. 그는 자기가 만든 작품 안에서 드라마틱한 절정의 순간이 오면 자신의 가르침에 신화를 덧입혀 설명하기도 했는데, 그가 탄생시킨 문학 창조물은 안데르센의 창작 동화와 견줘도 손색이 없을 정도다.

여기서 중요한 사실은 플라톤이 예술의 권리와 위신에 대항하는 매우 효과적인 무기를 만들어냈다는 점이다. 플라톤은 픽션이 근본적으로 따지면 '맞지 않고', 실체가 없으며, 어느 정도 기만을 내포하고 있다는 사실과 도덕적으로 의구심이 든다는 점, 허구인 데다가 심지어는 거짓말과 관련이 있음을 지적했다. 그의 비판은 묵직하고 의미심장하다. 그의 주장이 직관적으로 신뢰할 만하다는 사실은 부인하기 힘들다. 세계적인 베스트셀러 『롤리타』를 쓴 블라디미르 나보코프(Vladimir Nabokov)는 한 인터뷰에서 이렇게 말했다. "창작이 어떻게 시작됐는지 아십니까? 저는 항상 이런 상상을 해요. 한 원시인 소년이 높이 자란 수풀을 넘어 자기 집인 동굴로 뛰어 들어오며 이렇게 소리칩니다. '늑대다, 늑대!' 실제로는 늑대가 없었는데도 말이죠." 그 어린 네안데르탈인의 부모는 진실이라는 원칙을 굳게 지지하는 이들이었을 테고, 두말할 필요 없이 꾸며낸 이야기를 한 아들을 호되게 매질했을 것이라고 나보코프는 덧붙였다. 예술에 대한 플라톤의 비평은 한마디로 그 매질의 철학 버전인 셈이다.

한편 플라톤에 맞서 픽션을 옹호한 이는 그의 제자인 아리스토텔레스다. 후에 정복자 알렉산더대왕을 가르치기도 했던 아리스토텔레스는 스승인 플라톤보다 실용적인 철학자였다. 그는 동물학에서 비교헌법학에 이르는, 경험에 근거한 과학 학문의 토대를 닦기 위해 플라톤의 사색으로부터 멀어졌다. 모든 분야에서 천재적이었던 아리스토텔레스는 어마어마하게 부지런했던 모양이다. 그는 서양뿐만 아니라 아랍계의 이슬람 문화권에도 전례 없는 영향력을 떨쳤다. 유럽 중세에는 아리스토텔레스가 명실상부한 지식의 원천으로 여겨질 정도였다.

픽션 논쟁에 대한 아리스토텔레스의 생각은 그가 저술한 『시학』에서 엿볼 수 있다. 그는 이 책에서 플라톤이 작가들에게 퍼부은 비난을 완전히 뒤엎는다. 아리스토텔레스는 (줄거리를 지어내는) 문학과 (사실을 보고하는) 역사 기술을 비교하며, 놀랍게도 문학이 "더욱 철학적이고 의미 있다"라고 서술한다. 문학이 실제로 일어난 사건을 묘사하는 게 아니라 "개연성과 필요성에 근거하여 일어날 법한 일"을 다루기에 더 "일반적"이라는 것이다. 오늘날의 표현으로 바꾸어 말하면 문학은 세계적이며 보편적이라는 설명이다.

이것이야말로 천재적인 발견이다. 아리스토텔레스는 예술에 내재한 소위 비현실성이라고 하는 특성이 반드시 결핍이 아니라, 장점이자 이득이 될 수 있음을 깨달았다. 문학은 실제로 일어난 몇 가지 일에 집착하지 않는다. 그 대신 '사고(思考) 실험'의 공간으로서 실험실과 같이 상황을 연출하고, 인간과 세계를 한층 다양하게 경험할 수 있도록 해준다. 아리스토텔레스에 따르면 X와 Y가 '특정' 시점에

했던 특정 행위나 그들이 겪은 특정 경험은, 그 행위와 경험의 유형이나 결과가 그렇게 도출되도록 영향을 미친 역학, 그리고 그 기저에 깔린 정서와 상황 등의 '일반적'인 내용보다 덜 유익하다.

문학은 과학이 아니지만(혹은 고대 그리스 철학자들이 했을 법한 표현을 빌리자면 '문학은 철학이 아니지만'), 그럼에도 문학은 문학만의 방식으로 타당성과 규칙성을 밝히며 깨달음을 준다. 문학은 결코 플라톤이 주장한 대로 허상이 아니다. 현대를 살아가는 우리는 소설이나 연극이 '불편한 진실'을 담고 있다는 것을 거리낌 없이 말하며 스스럼없이 '예술의 진실'에 관해 이야기한다. 하지만 이러한 생각이 실제로는 당연하지 않다는 사실에 관해서, 이 생각이 당연해지기까지 얼마나 많은 지성적 노력이 필요했는가에 대해서는 별로 고민해 보지 않았다. 당연하지 않았던 생각이 당연해진 데는 아리스토텔레스의 노력이 있었다. 그가 픽션의 진실한 이면을 찾은 것이다.

그러나 아리스토텔레스의 방식대로 문학 작품의 필요성을 역설하는 것은 다소 차갑고 건조하다. 문학이 '개연성'과 '필연성'을 지녀야 한다는 말은 철저하게 이성적으로밖에 들리지 않는다. 여기서는 마법은 고사하고 상상력과 창조성조차 언급되지 않는다. 아리스토텔레스는 공상과 영 거리가 먼 사람이었던 것 같다. 그래도 이 단조로운 철학자는 눈에 띄지 않는 '가능성'이란 개념을 제시하면서 상상력이 명예를 회복하는 데 크게 기여했다. 여기서 가능성이란 선택권, 잠재력, 대안, 다원주의를 의미한다. 우리 세계 안에 다양한 세계가 숨어 있다는 의미이고, 개발되지 않은 채 잠재되어 있다가 누군가 깨워주기를 기다리고 있다는 뜻이다. 오직 사실주의만이 진실은 아니다. 사실주의만을 추구하는 사람은 편협해지고 위축되기 마련이다. 인간에게는 현실 감각만 필요한 게 아니라 개연성에 대한 감각도 필요하며, 이는 문학이나 예술과 같은 픽션을 접하면서 배울수 있다.

내 이야기를 하자면 굳이 『시학』을 통해 정당화하지 않아도, 양심에따라 기꺼이 허구의 세계로 빠져들겠노라고 고백하겠다. 나는 누군가가 내게 들려주는 이야기나 미술 작품, 영화를 통해 상상 속 현실과 마주하는 순간을 무척 즐긴다. 그 내용이 반드시 개연성과 필연성으로 뒷받침되어야 하는 것은 아니다. 이야기라면 초자연적인 내용이라고 해도 괜찮다.

　인도에서 지내면서 한번은 북부의 도시 심라(Shimla)에 방문할기회가 있었다. 그곳에서 나는 학생들의 안내를 받으며 한 기숙사학교를 둘러봤다. 나는 마치 학창 시절로 돌아간 듯 150년 동안 그학교에 살고 있다는 유령 이야기에 열광하며 귀를 기울였다. 심라는 산 중턱에 위치한 도시로 바위나 나무로 뒤덮인 산비탈에는 구름과 안개가 희미하게 걸쳐 있다. 내가 둘러본 비숍코튼스쿨(Bishop Cotton School)은 우거진 소나무 숲을 끼고 있었는데, 한눈에 담기에도 어려운 광대한 대지 위에 세워진 이 학교는 오래된 벽과 위엄 있는 예배당, 기사들이 앉아서 식사할 법한 식당 등 유령 이야기의 배경이 될 만한 조건을 완벽히 갖춘 장소였다.

열여섯 살 모하메드와 그의 친구들은 나를 화학실험실로 안내했다. 백 년도 더 전에 실험을 하던 한 학생이 유독가스에 질식해 숨졌다는 장소라는 말도 작게 속삭였다. 이어서 인적이 드문 널찍한 공동 침실을 구경시켜 주었는데, 질식사한 그 학생이 동급생에게 목격된 장소라고 했다. 동급생이 화들짝 놀라 어두운 방을 램프로 밝히려던 순간, 유령은 사라졌다고 말했다. "학교 설립자의 생일을 기념하는 날이 되면 유령이 다시 나타나요." 모하메드가 설명하며 유령은 항상 학생회장 눈에만 보인다고도 덧붙였다.

우리는 머리 없는 곡마사가 자주 출몰한다는 운동장을 지나쳤다. 매년 4월 28일 밤이 되면 그곳에서 비밀스러운 소리가 들린다는 얘기를 전해 들었다. 마치 배트를 휘둘러 크리켓 볼을 맞힐 때 나는 소리와 비슷하다고 했다. 1980년대 어느 해, 이 학교 크리켓 선수팀을 태운 차가 골짜기 아래로 추락했다. 그 바람에 시합을 마치고 돌아오던 선수들이 모두 그 자리에서 숨졌고, 그날이 바로 4월 28일이라는 것이다.

투어는 학교 가장자리 언덕에 있는 키 큰 나무 아래서 끝이 났다. 모하메드와 친구들은 마지막까지 절정의 이야기를 아껴두고 있었다. 그들이 말하기를 바로 이곳에서 수년 전에 한 학생이 유령을 목격했다는 것이다. 소년은 겁에 질려서 냅다 언덕을 뛰어 내려가기 시작했다. 저 멀리 기숙사 보안을 책임지는 경비원이 보였다. 소년은 기쁨과 안도감을 느끼며 그에게로 달려갔고, 그의 앞에 도착하기도 전에 언덕 위에서 귀신을 봤다고 소리쳤다. "그래? 어떤 유령이었는데?" 경비원은 하던 일에 열중한 채 학생을 쳐다보지도 않고 물었다. "얼굴이 없었어요!" 여전히 두려움에 온몸이 후들거리던 학생이 외쳤다. "그러니까, 이렇게?" 대답과 함께 고개를 돌린 경비원의 얼굴은 이마도, 눈도, 코도, 입도 없이 텅 비어 있었다.

모하메드와 그의 친구들이 학교에 자랑스러운 유산처럼 이어져 내려오는 유령 이야기를 모두 믿고 있을 것이라고는 생각하지 않는다. 만약 그랬다면 이 학교에는 학생 수보다 유령 수가 더 많았을지도 모른다. 다만 학생들은 이런 전설 덕분에 더 주목받고 특별해지는 학교에서의 생활을 즐겼다. 나 또한 그들의 이야기를 흥미롭게 들었다.

루이스 스티븐슨(Robert Louis Stevenson)의 소설 『보물섬』을 펼치면 지금도 나는 순식간에 빠져들어 바다를 항해하는 주인공이 된다.

이 책을 처음 읽던 40년 전의 내가 되기도 한다. 당시 내가 가지고 있던, 앞표지는 하얗고 뒤표지는 짙은 남색인『보물섬』은 언젠가 잃어버린 모양이지만, 그 책을 읽던 나는 여전히 그대로다. 내가 품고 있는 소설과 문학, 삶을 향한 기대도 그때와 근본적으로 다르지 않다.

그때의 나에게는 지금의 나와는 달리 바다에서 겪은 모험들을 상상하며 적어둔 항해일지가 있었다. 다만 그때나 지금이나 내가 한결같이 믿는 것이 있다면 바로 이런 것들이다. 제대로 된 이야기에는 영웅과 악당, 감동이 있어야 한다는 것, 손에 땀을 쥐게 하는 긴장의 순간은 낯선 대상이 등장할 때만큼이나 중요하다는 것, 예술은 점잖거나 혁신적인 공예품에 그치지 않고 우리를 새로운 세계로 데려다주는 마법의 주문이라는 것, 마지막으로 선과 악을 나누는 일이 생각처럼 간단하지만은 않다는 것을 잘 알고 있다.『보물섬』에 등장하는 무자비한 롱 존 실버도 알고 보면 매우 흥미롭고 복합적인 인물이다. 그의 매력은 심상치 않고 다채롭다. 그는 어쩌면 독자들도 눈치채지 못한 양심적인 인물일 수 있다. 그의 실체는 마지막 장을 덮는 순간까지 확신할 수 없다.

나는『보물섬』과 같은 이야기를 통해 반은 미학적이고, 반은 도덕적인 내 기본 소양을 찾았다. 그로부터 30년이 지난 지금은『반지의 제왕』이야기가 책으로서, 영화로서 내 아이들의 꿈에 실체를 부여하고 있을지 모른다. 그다음 세대 아이들이 상상 속에서 구현할 세계에 관해서는 내가 아는 바가 없으나, 분명 무언가가 있을 것이다.

모든 이야기에는 한 가지 공통점이 있다. 나와 내 친구들이 원시림을 모험하는 동안 우리를 안전하게 이끌었던 『정글북』과도 일맥상통하는 지점이다. 이것들은 꾸며낸 이야기다. 모든 것은 그들로부터 시작되었고, 그들은 영원히 끝나지 않을 것이다.

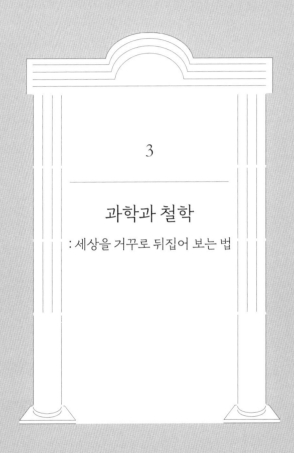

3

과학과 철학

: 세상을 거꾸로 뒤집어 보는 법

"교양은 단순히 지식을 쌓는 행위가 아니라

우리 자신을 돕고

그 존재와 가능성에 대해 알아가는 과정이다."

솔직히 고백하면 나는 천문학에 완전히 매료되었다. 나에게 우주 탐구는 곧 과학의 총체였다. 우주를 연구한다는 것은 그 자체로 숭고하고 행복한 일이었다. 천문대에 가면 볼 수 있는, 조명으로 하늘을 꾸며놓은 둥근 천장을 상상하는 것만으로도 내 영혼은 마치 햇빛 찬란한 날 해수욕을 떠난 기분이었다. 어려서부터 나는 별 보는 것을 좋아했다. 오랫동안 진지하게 천문학자를 꿈꾸기도 했다. 나는 고등학교 졸업 시험을 치르기 직전까지도 그 생각을 완전히 버리지 못했다. 비전문적인 관찰기구와 함께 (하늘을 관찰하는 데 필요한 최소한의 어둠을 허락해 주지 않는 대도시의 불빛을 향해 욕을 중얼거리며) 나는 수많은 겨울밤을 잔디밭과 들판에서 보냈다. 처음에는 쌍안경으로 시작했다가 그다음에는 삼각대에 고정해야 하는 볼품없는 거대 망원경으로 옮겨갔다. 그러고 난 다음에야 제대로 된 망원경을 선물받았다. 별을 관찰하는 것 말고도 나는 행성계나 우주의 탄생을 이야기하는 책을 즐겨 읽었고 스스로를 아마추어 천문학자라고 생각했다. 별을 진지하게 좋아하는 사람이라면 누구나 자신을 이렇게 소개할 것이다.

나와 같은 관심사를 공유하는 사람이라면 천문 역사의 중요한 발견들이 바로 이러한 비전문가의 헌신적인 탐구에서 이루어졌다는 사실을 잘 알고 있을 것이다. 정말 그렇다. 1781년에 천왕성을 발견한 윌리엄 허셜(William Herschel)은 영국의 휴양도시 바스(Bath)에서 한 오케스트라를 이끌던 지휘자였다. (물론 아마추어들의 의미 있는 발견도 이제는 옛날이야기가 되었다. 거대한 전망대와 슈퍼컴퓨터가 장악한 오늘날의 천문학은 밤마다 오들오들 떨면서 우주를 관찰하는 열정 넘치는 개인에게 크게 의존하지 않는다.)

나와 달리 자연과학에 별 관심이 없던 우리 가족은 별에 대한 나의 애정에 호의적이면서도, 다소 당황스러워하는 반응을 보였다. 나의 아버지는 독일 철학자 이마누엘 칸트가 쓴 『실천이성비판』의 유명한 마지막 구절을 찾아 보여주었다. "그에 대해서 자주 그리고 지속적으로 숙고하면 할수록, 점점 더 새롭고 점점 더 큰 경탄과 외경으로 마음을 채우는 것이 두 가지 있다. 그것은 내 위

삶의 기쁨은 어디에서 오는가

의 별이 빛나는 하늘과 내 안의 도덕 법칙이다."[1]

아버지의 뜻인즉 눈에 보이는 우주가 매우 경이롭고 탐구할 만한 가치가 있는 것은 사실이지만, 인간 내면의 깊이 또한 그만큼이나 (혹은 좀 더 많이) 관심을 받을 만한 가치가 있다는 의미였다. 하지만 당시 나에게는 '내 위의 별이 빛나는 하늘'이 훨씬 더 흥미로워 보였다.

내가 천문학에 매료된 이유는 우주 비행이나 NASA의 달 탐사, 은하계 여행을 다룬 SF에 대한 관심에서 비롯되지 않았다. 나를 사로잡은 것은 매혹적인 우주의 규칙과 투명한 질서를 지닌 그 명료한 아름다움이었다. 천체, 별, 행성의 움직임은 정확하게 계산하고 예측할 수 있으며, 우주의 돌덩이, 가스 볼, 불덩이는 끝없는 공간에서 완벽한 필연성을 갖고 궤적을 그려간다. 우주는 수학적 표현이 가능한 물리학의 법칙을 따른다. 미학적으로나 논리적으로 굉장히 인상 깊게 느껴지는 부분이다.

아서 쾨슬러(Arthur Koestler)가 쓴 『몽유병자들(The Sleepwalkers)』에는 기막힌 묘사가 등장한다. 쾨슬러는 스탈린주의 공개 재판에 대한 일종의 문학적 청산을 한 소설 『한낮의 어둠』으로 더욱 잘 알려진 헝가리 태생의 영국 작가다. 그런 쾨슬러가 천문학과 우

---

1   서울대학교 철학사상연구소, 《철학사상》 별책 제2권 제6호, 2003

주관의 역사에 관해 쓴 『몽유병자들』은 출간한 지 70년이 지난 지금까지도 그 의미가 전혀 퇴색되지 않아 전문 실용서적 분야의 고전으로 손꼽힌다.

쾨슬러는 네 명의 과학사적 주인공을 앞세워 우주에 대한 근대 관점을 묘사한다. 먼저 니콜라우스 코페르니쿠스(Nikolaus Kopernikus)는 동프로이센 프라우엔부르크(Frauenburg) 지역 출신으로 지적이고 다소 고지식한 성당 참사회 위원이었다. 그는 여전히 고대와 중세의 선입견에 사로잡혀 있었다. 코페르니쿠스의 저서 『천체의 회전에 관하여』는 천체가 원형을 그리며 움직인다는 전제에서 출발하는데, 예로부터 원이 완전한 기하학 형태로 받아들여진 데서 기인한 것이다.

1609년에 이르러 신성로마제국의 궁정 수학자를 지낸 빈(Wien) 출신의 요하네스 케플러(Johannes Kepler)가 등장한다. 그는 행성들은 실제로 타원궤도를 따라 움직이며, 그 속도는 태양과의 거리에 따라 결정된다는 규칙을 밝혀낸다. 케플러는 별난 기인까지는 아니었지만 몽상가 기질을 지닌 사람이었다. 천문학자이자 점성술사로 별점이라는 사이비 과학에 열성을 보인 실무자였다. 우아하고 이론의 여지가 없는 결과를 보여주던 그의 행성 수학은 천구의 신비로운 조화를 추적하려는 시도이자 심오하면서도 불안정했던 성찰의 산물이었다.

삶의 기쁨은 어디에서 오는가

이어서 세 번째 인물은 케플러와 동시대인이지만 신비주의와는 완벽한 대척점에 서 있던 갈릴레오 갈릴레이다. 이탈리아의 열성적이고 훌륭한 자연과학자였던 그는 완전히 현대적인 인물이었다. 갈릴레이는 과학자로서 유명 인사가 된 최초의 인물이었다. 그는 자신의 통찰로 쌓아올린 영광을 그 어떤 경쟁자에게도 쉽게 넘겨주지 않았는데, 과학자로서 자신을 마케팅하는 데 굉장히 능했던 사람이다. 그의 가장 큰 업적은 '메커니즘', 즉 천체의 움직임과 그들이 운동하고 소멸하는 법칙을 과학으로 증명한 일이다.

『몽유병자들』의 대미를 장식하는 인물은 17세기 후반 영국의 아이작 뉴턴(Isaac Newton)이다. 그는 케플러의 천체 연구와 갈릴레이의 메커니즘을 수학적으로 광범위하게 계산한 하늘의 메커니즘으로 아울렀다. 그 안에서는 행성과 별이 같은 '중력'을 따르게 된다는 사실이 밝혀졌고 이는 곧 우리의 일상 속에서 물체를 지배하는 힘이 되기도 했다.

이 네 명이 쓴 드라마가 실로 엄청난 혁명이었는지 제대로 실감하려면 한 발짝 물러나서 볼 필요가 있다. 코페르니쿠스에서 뉴턴에 이르는 정신사적 움직임은 하늘과 땅의 경계를 없애버렸다. 인류는 수천 년간 별의 영역을 신의 영역으로, 완전과 영원의 개념으로 여기며, 혼란스럽고 불안정한 지상의 현실과는 근본적으로 다른 범주에 속한다고 생각했다. 고대와 중세 사람들은 하늘을 그저 우주의 빈 공간으로 여기지 않았고 구면(球面)이 회전한다고 상상했다. 행성과 항성이 보석처럼 박힌 영원하고 거대한 크리스털 덮개가 지구 위에서 돌아가고 있다고 생각한 것이다. 하지만 실은 그와 반대로 지구와 달, 태양을 비롯한 모든 천체가 무한한 공간 안에서 함께 돌아가는 물리학 법칙을 따르고 있었다. 세계는 갑자기 빈틈없고 끊임없으며 예외가 없는 하나의 연속된 현실, 하나의 단위가 되어버렸다. 우주는 각자 다른 위치에서 다양한 구성으로 이루어진 물질 덩어리들의 광대한 작동 공간, 질량과 힘의 3차원 경기장에 불과했다.

새로운 세계상이 탄생하면서 사람들은 마법에서 완전히 깨어났다. 만물의 중심에서 인간은 완전히 쫓겨났을뿐더러 마치 거대한 시계태엽 안에 갇혀 무정한 우주 한가운데를 외롭게 떠다니는 존재 같은 자신의 처지를 깨닫게 되었다. 그러면서 동시에 이전에는 없던 권능을 발견할 수 있게 되었다. 많은 것이 규칙에 따라 움직이는 기계적인 세계는, 바꿔 말해 암호를 해독할 수 있는 세상이 되었다는 뜻이다. 우리는 그것을 조작하고 변경할 수 있으며 이에 예속될 수 있다. 복잡한 공식은 기계가 되고, 연구자들은 발명가가 되었으며, 지식은 권력이 되고, 우주의 내적 공허는 새로운 사물을 실현하는 능력이 되었다. 과학의 혁명이 기술의 시대를 연 것은 바로 이때다. 그리고 이는 여전히 현재진행형이다. 고전적인 근대의 천문학과 물리학은 20세기에 발표된 아인슈타인의 상대성 이론 등을 통해 일부 수정되었음에도, 여전히 현대를 탐구할 때 쓰이는 모국어로 남게 되었다.

❖ ❖ ❖

2016년에 개봉한 블록버스터 영화 「배트맨 대 슈퍼맨: 저스티스의 시작」을 보면 깜짝 놀랄 만큼 지성적인 장면이 나온다. 텔레비전 프로그램에 출연한 허구의 전문가들이 저마다 '슈퍼맨 현상'을 정리하는 과정이 나오는데, 그중 한 평론가가 인류의 정신사를 관통하는 큰 곡선을 그려 보이며 설명하는 장면이다. 그의 말에 따르면 '기적의 행성' 크립톤 출신의 영웅 슈퍼맨이 인류가 가진 자부심의 근간을 시험에 들게 하고, 지난 수백 년간 이어져 내려온 '인간 굴욕의 계보'에 한 가지 사건을 추가했다는 것이다.

그가 그린 계보는 니콜라우스 코페르니쿠스가 등장하면서 시작된다. 알다시피 그는 인간이 거주하는 지구가 단지 태양의 주위를 공전하는 행성일 뿐 우주의 중심이 아니라는 사실을 밝혀낸 인물이다. 그다음으로 이어진 계보에서는 생물학자 찰스 다윈(Charles Darwin)이 언급된다. 그의 진화론은 '만물의 영장'인 인간을 거의 동물계의 일원으로 강등시켰다. 그리고 마침내 슈퍼맨이 등장한다. 인류는 슈퍼맨의 초월적인 힘과 능력에 그저 감탄하는, 완전히 뒤처진 존재가 되었다는 설정이다.

'슈퍼맨 트라우마'가 생기는 과정을 그려낸 이 수준 높은 역사적 추론은 「배트맨 대 슈퍼맨: 저스티스의 시작」의 각본을 집필한 시나리오 작가들이 스스로 생각해 낸 이야기가 아니다. 이는 등장한 지 백 년도 더 된 이야기로, '정신분석학의 창시자' 지크문트 프로이트(Sigmund Freud)가 논문에 서술한 내용을 기반으로 하고 있다. 물론 프로이트는 인류의 자부심을 공격한 세 번째 인물로 슈퍼맨을 지목하지 않았다. 그는 자신이 그 몫을 했다고 생각했다.

프로이트는 자신이 새롭게 제시한 심리학과 치료법을 인정받기 위해 오랜 시간 싸워야 했다. 환자들은 프로이트가 내리는 진단에 주기적으로 반항했고 프로이트는 이를 '저항(Widerstand)'이라는 전문 용어로 일컬으며 치료에 따르는 현상이라고 보았다. 의사 집단에서도 일부는 거세게 정신분석학을 비난했다. 사회적으로 강한 반발심이 더해졌음은 두말할 것도 없다. 프로이트를 반대하는 세력들은 그의 이론을 비과학적이며 비도덕적이라고 힐난했고, 마치 유대인을 차별하듯이 그를 비판하거나 성도착증을 보인다며 손가락질했다. 프로이트 학설의 열렬한 지지자가 아니더라도, 그를 향한 폭발적인 분노는 매우 유별나고 이상하게 느껴질 만했다. 대체 프로이트 이론의 어떤 부분이 사람들의 공분을 샀던 것일까?

1917년 프로이트는 「정신분석의 어려움(Eine Schwierigkeit der Psychoanalyse)」이라는 다소 실망스러울 정도로 평범한 제목의 소논문에서 자신을 향한 비판에 관해 스스로 해석한다. 프로이트에 따르면 그의 정신분석학은 두 가지 측면에서 인간의 자존심을 건드렸다. 한 가지는 인간의 모든 감정과 삶의 표현, 심지어는 가장 높은 수준의 섬세하고 고상한 예술적 성과에서까지 성(性)이 결정적인 (나아가서는 지배적인) 역할을 한다고 보았다는 점이다. 게다가 그는 성이 인간의 활동에 동력을 제공하는 요소로서, 어떤 도덕적인 규율이나 노력으로 완전히 제거될 수 없다고 하였다. 프로이트의 주장은 인간 문명이 성에 굴복한 결과이거나, 그게 아니면 성을 부정한 결과가 된다는 뜻으로, 일종의 도발로 받아들여졌다.

그의 이론에서 두 번째로 문제가 된 점은, 인간의 정신적 에너지가 무의식에서 비롯되고, 주요 사고 과정 또한 무의식 속에서 이루어진다고 본 것이다. 무의식이라고 하면, 인간의 의지로 다스리거나 직접 깨달을 수 있는 대상이 아니라는 것이다. 이는 결론적으로 우리가 우리 자신을 제대로 알 수 없으며, 완전히 통제하지도 못한다는 것을 의미했다. 프로이트가 일깨워준 성의 영향력과 무의식의 힘에 대해 종합하면, 나 자신의 주인은 내가 아니었다. 이것은 인간의 자기애를 욕되게 하는 주장이었다. 프로이트는 이런 달갑지 않고 굴욕적인 깨달음을 사실로 받아들이고 싶지 않은 사람들이 정신분석학에 저항하며 반기를 드는 것이라고 해석했다.

프로이트는 자신의 학설을 변호하기 위해 오히려 정신분석학에 대한 의심을 역이용했다. 또한 이를 자신의 의견이 옳다는 방증으로 제시하며, 근간을 흔드는 통찰에 대한 거부반응까지 설명할 수 있는 일반 이론을 도출해 냈다.

그는 「배트맨 대 슈퍼맨: 저스티스의 시작」보다 앞서 코페르니쿠스와 다윈을 끌어들였다. 코페르니쿠스와 그의 제자들은 16~17세기 지구가 태양 주위를 공전한다는 태양중심설을 제시했는데, 이때 무너져 버린 것은 천문학의 학문 체계만이 아니었다. 프로이트가 보기에 자신이 살고 있는 행성이 우주의 중심이라는 인간의 착각은, 인간이 우주에서 지배적인 역할을 한다는 믿음을 뒷받침해 주었으며, 인간이 이 세계의 주인임을 느끼게 해주었다. 하지만 행성의 배열에 대한 새로운 사실들이 알려지면서, 인간은 충격과 함께 모든 사물을 지배하고 있다는 착각에서 깨어났다. 그리고 다시는 예전의 자존감을 회복할 수 없게 되었다.

코페르니쿠스에게 '우주론적인' 모욕을 당한 인류는 19세기로 넘어와 찰스 다윈에게 '생물학적인' 수모를 받게 된다. 오래전부터 인간은 스스로 이성적인 동물이라고 생각해 왔다. 그 모습은 신과 닮았으며 불멸의 정신 등을 근거로 다른 생물과는 뿌리부터 다른 존재라 믿어온 것이다. 인간 존재는 특별하고 혜택을 받은 창조 행위의 산물이었다. 그러나 원숭이와 공통 조상으로부터 진화했다는 다윈의 진화론은 인간의 이 건방진 착각을 한 방에 무너뜨렸다. 다윈은 "인간은 동물과 다를 것도, 더 나을 것도 없으며, 동물의 서열에서 유래한 존재다. 어떤 종과는 가깝게, 또 어떤 종과는 멀리 떨어진 관계일 뿐이다"라고 설명했다. 자연 안에서 인간이 누리던 특출한 위상은 자기애에서 비롯한 착각이자 허상이었다.

여기서 프로이트의 정신분석학이 인간의 허영심을 찌르는 세 번째 기념비적 업적으로 기록될 자격이 있는가는 중요하지 않다. 가장 중요한 사실은 프로이트가 정신사적 관점에서도 의미가 있고, 높은 문화적 수준에서도 주목할 만한 가치가 있는 '과학적 통찰'이 무엇인지를 정리해 주었다는 점이다. 프로이트는 어떤 부류의 과학적 통찰이 '일반 교양'에 속할 수 있는지를 설득력 있게 밝혔다. 인간의 자기 이해와 맞닿아 있는 것, 이를 자극하고 흔들거나 심지어는 근본적으로 전복시키기도 하는 내용이 그 대상이었다.

그렇다고 해서 '인간은 언제나 겸손해야 한다'는 것이 우리가 나눌 이야기의 결론은 아니다. 인간은 의학과 과학기술 발전을 통해 점점 더 운명의 많은 부분을 좌지우지할 수 있게 되었다. 이것을 참회해야 할 이유는 없다. 그보다는 이 같은 발견을 통해 우리 자신을 새로운 시각으로 바라보게 되었으며, 그 결과 우리의 인간상이 바뀌었다는 점에 주목해야 한다. 또한 그 덕분에 나 자신과 세상 속에서 인간의 위치에 대해 다시 생각하게 되었다. 이제 우리는 스스로 무엇을 할 수 있으며(혹은 무엇을 할 수 없으며), 우리가 누구인지를 더 잘 알게 되었다. 이러한 지식과 통찰은 과학자뿐만 아니라 정신이 깨어 있고 자신의 위치를 알고 싶은 사람 모두에게 중요하다.

교양에서 과학, 특히 자연과학이 어느 정도의 비중을 차지해야 적절한지를 묻는다면 답하기가 매우 난처하다. 물리학자나 화학자, 생물학자, 의사, 엔지니어는 그들의 전문 분야가 보통 '상식'이라고 일컬어지는 전통적이고 인문학적인 의미에서 홀대받고 있다고 토로한다. 어째서 '교양인'이라면 모차르트(Mozart) 오페라에서 아리아(주인공에 의해 불리는 서정적이고 아름다운 독창곡 - 옮긴이)와 레치타티보(대사를 말하듯이 노래하는 형식 - 옮긴이)의 차이를 구분하기 바라면서, 항생제의 효능이나 내연기관의 작동 원리에 대해서는 몰라도 된다고 여기는지 묻는다. 교양인이라면 마땅히 『부덴브로크가의 사람들』정도는 읽어야 한다고 말하는 문학 전공자들이, 왜 '자연탐구와 기술'은 졸업할 때까지 모르면서 그토록 당당할 수 있는지 묻는다. 우리가 관습적으로 이해하고 있는 교양의 개념은, 부정할 수 없게도 (딱히 설명할 수 없는 이유로) 인문학 쪽에 치우쳐 있다.

나는 이러한 비판이 절반 정도는 타당하다고 생각한다. 실제로 많은 지성인이 수학이나 자연과학 분야에 관해서는 무지하다. 그 이유가 언어교육에 편중하는 교과과정 탓일 수 있지만, 우리는 과학에 대한 무지 또는 공포에서 벗어나야 한다. 물론 교양 교육에서는 사물보다 인간을 우선시해야 한다. 교양은 인간을 구성하고 자극하는 것은 무엇인지, 어떤 과정을 거쳐 오늘날의 모습이 되었는지, 인간은 어떤 성과를 이루었으며 어떻게 해야 이 세상에서 제자리를 찾아갈 수 있는지에 중점을 두고 있다. 교양은 단순히 지식을 쌓는 행위가 아니라 우리 자신을 돕고 그 존재와 가능성에 대해 알아가는 과정이다. 이런 관점에서 보면 문학과 예술, 역사, 인문주의적인 관심사가 특히 중요한 역할을 한다는 건 옳은 방향으로 가고 있다는 뜻이다.

하지만 프로이트의 논리에 동조하자면, 과학 역시 우리의 정체성이나 정신적인 측면과 깊은 관련이 있다. 그리고 이는 호메로스나 셰익스피어만큼 교양 교육에 적합하고 교양 교육을 위해 중요하다.

정보 기술이 그저 일처리 과정을 단순화하고 가속화하는 수단에 머물던 과거에는, 그러니까 컴퓨터가 단지 육중한 계산기에 불과하던 시절에는 이 분야에 전문가들만 관심을 가졌다. 대중은 전문가가 생산한 기계와 해결 방법을 실용적으로 이용하는 데에만 관심을 기울였다. 하지만 인공지능(AI)의 개발로 상황은 완전히 바뀌었다.

스탠리 큐브릭(Stanley Kubrick) 감독의 영화 「2001 스페이스 오디세이」(1968)에 등장하는 비정상적인 컴퓨터 '할'이나, 리들리 스콧 (Ridley Scott) 감독의 「블레이드 러너」(1982), 스티븐 스필버그(Steven Spielberg) 감독의 「에이 아이」(2001)에서 우리의 마음을 움직이는 복제 인간들을 보면 알 수 있듯이, 대중문화는 인공지능의 발전이 가져올 충격과 불안에 대해 일찍이 알고 있었다. 기계가 자신의 삶을 스스로 계획하고 현실의 문제 상황을 직접 헤쳐 나갈 방법을 찾게 되리라는 상상, 그리고 우리가 기계를 소통, 감정, 관계의 대상으로 마주하게 되리라는 상상은 인간상에 대한 심오한 의문을 제기한다. 이는 단순히 호모사피엔스가 새로운 진화 단계에 도달한 인공지능에 의해 지배당하고, 기계들이 주도하는 혁명에 의해 무너질지도 모른다는 두려움 때문이 아니다. '사고할 줄 아는 자유로운 기계'는 근본적으로 물질과 지각의 경계를 무너뜨린다. 이들의 등장은 사고력과 자기 결정에 근거를 두고 있었던 인간 존재의 정의를 불분명하게 만든다. 인간만이 갖고 있던 고유한 능력을 지닌 기계와 비교했을 때, 인간을 여전히 유일하고 대체 불가능한 존재로 만들어주는 것은 무엇일까? 과연 인간과 비슷해진 기계들을 부엌에서 쓰는 도구나 반려동물처럼 대해도 되는 걸까? 반대로 그들의 '인권'을 인정해 주는 게 옳은 일일까? 프로이트가 코페르니쿠스와 다윈에게서, 그리고 자신의 정신분석학에서 발견해 냈던 불안의 요소는 인공지능의 발전 과정에서도 드러난다.

교양의 관점에서 중요한 의미가 생기는 건 바로 이 순간이다. 앞서 나열한 질문과 불안이 고개를 들 때면, 이 분야와 아무런 관련이 없는 사람도 이에 대해 더 많이 알고 싶어진다. 이 혁명적인 분야의 기초에 대해 대략적인 윤곽만이라도 잡고 싶은 마음이 들고, 실제로 더 많이 알아야 한다. 21세기에는 단어나 화학 원소와 같은, 현실을 구성하는 본질적 요소에 한 가지가 더 추가된 셈이다. 컴퓨터 처리 과정에 필요한 기본 절차, 즉 알고리즘이다.

프로이트가 '인간 굴욕의 역사'에서 시초로 꼽은 코페르니쿠스와 현대 천문학의 시작은, 의식과 통찰을 형성하는 자연과학의 힘을 보여주는 좋은 예다. 하지만 학창 시절 동안 나는 프로이트에 의해 인간 굴욕사의 두 번째 원인 제공자로 꼽혔던 찰스 다윈에 대해서는 코페르니쿠스만큼의 관심을 기울이지 않았다. 매일 만지작거렸던 망원경과 달리 내 현미경은 주로 방구석에서 뒹굴고 있었다. 나는 세포와 생물체보다 멀리서 빛나는 별에 더 관심이 많았다. 생물학 수업에서 진화론은 들어보았지만 크게 인상적이지는 않았다.

다윈에 관해 좀 더 깊이 알게 된 계기는 예기치 못하게 찾아왔다. 1990년대 독일의 유력 일간지《프랑크푸르터 알게마이네 차이퉁(Frankfurter Allgemeine Zeitung)》에서 문예부 담당 기자로 일할 때였다. 당시 정신과학 분야를 이끌던 선배 헤닝 리터(Henning Ritter)는 완벽한 독일 지성인의 전형이었다. 바이마르공화국의 온갖 사상가를 비롯하여 미셸 드 몽테뉴(Michel de Montaigne)에서 후기 구조주의에 이르는 프랑스 관념 세계의 섬세함까지, 온갖 분야에 정통한 사람이었다. 그래서 누구도 그가 일견에 무미건조해 보이는 자연과학이라는 분야에 애정이 있으리라고는 예상하지 못했다. 하지만 우리가 틀렸다. 편집부 회의와 레이아웃을 논의하는 사이에 남는 시간 동안 기자 출신의 문학가였던 리터 선배는 나에게 찰스 다윈에 관해 설명해 주었다. 그저 진화생물학에 대한 객관적인 지식과 정보를 전달받는 수준이었다면 다른 자연과학부 담당 기자에게서 듣는 이야기와 다를 바가 없었겠지만, 리터가 들려주는 다윈은 차원이 달랐다.

그의 입을 통해 듣는 다윈은 그저 교과서에 나오는 이름이 아니었다. 실제로 영혼이 깃든 형상을 하고 있었다. 1800년대 인물이지만 정신적으로는 동시대인처럼 느껴졌고, 일종의 롤모델로 보이기도 했다. 리터는 다윈의 냉담하고 거친 특성에 끌렸던 것 같다. 삶에 관한 인간의 관점을 혁명적으로 뒤바꾸어 놓은 이 남성은 종교 지도자나 설교자의 모습을 하고 있지 않았다. 그가 혐오하고 맞서 싸웠던 노예제도를 제외하고는 오히려 신념에 대한 논쟁과 정치로부터 일부러 거리를 둔 사람 같았다. 같은 시대를 살았던 카를 마르크스처럼 스스로를 냉혹한 예언자로 단순화하지 않았고, 프리드리히 니체(Friedrich Nietzsche)처럼 자기 자신을 다이너마이트라고 소개하지 않았다. 프로이트가 그랬던 것처럼 코페르니쿠스와 자신을 동일 선상에 놓을 생각은 아예 하지도 못했을 것이다. 자신의 이론에 '다윈주의'라는 이름을 걸어 보편 철학으로 내세우지도 않았고, '적자생존'이라는 표어를 세계의 원칙으로 삼지도 않았다. 다윈이라는 인물에게서는 깊은 진지함을 읽을 수 있다. 또한 급진적이거나 파격적인 통찰이 그를 자만에 빠뜨리거나 사람들을 선동하는 이유가 되진 못했으며, 그는 단지 그러한 통찰을 지속하고 과정의 어려움을 극복하는 과정에 기뻐했다.

다윈은 이어 1831년부터 1836년까지 영국의 쌍돛단배 비글호에 탑승해서 데이터를 수집했다. 연구를 위해 그는 남아프리카를 여행하고 태평양과 인도양을 가로질렀다. 이때 모은 자료들은 이후 다윈이 발표한 이론을 뒷받침하는 근거가 되었다. 유복한 의사 집안의 아들이었던 다윈은 무급 아마추어 박물학자로서, 선장의 개인 파트너로서 5년 동안 탐사선에 올랐다. 이후에 그는 오랜 시간 독립적인 학자로 살았고 서신을 통해 여러 학자들과 폭넓게 교류했다. 하지만 사회문제에 관해서는 늘 일정한 무관심을 유지했다. 다윈은 1859년 『종의 기원』을 출간했다. (출간 당시의 제목은 『자연 선택의 방법에 의한 종의 기원, 즉 생존 경쟁에서 유리한 종족의 보존에 대하여』이다.) 그때까지 그는 식물계와 동물계에 대한 수많은 자료와 자신의 생각들을 메모장에 가득 남겼다. 그리고 그 이론이 대부분 완성되어 갈 때쯤 다른 주제들에도 관심을 기울였다. 대표적인 사례가 네 권의 책에 나누어 기술한 만각류(따개비)다.

신문사 동료들은 리터 선배와 그의 영웅 다윈과의 공통점을 금세 알아차렸다. 리터도 자기 자신과의 대화를 글로 남기는 일을 좋아했다. 적어도 남들과 대화를 나누는 것만큼이나 좋아했다. 리터는 매일 출퇴근 열차에서 보내는 긴 시간 동안 책을 성찰하고 발췌한 내용으로 공책을 가득 채우는 일을 자신만의 고유하고 비밀스러운 필생의 사업으로 여겼다. 2008년 그는 그 기록의 일부를 『씽커스』라는 책으로 엮어냈다. (책은 독일에서 굉장한 성공을 거두었다.) 물론 여기에는 찰스 다윈의 이야기도 담겨 있다.

이론을 발표하기 전 다윈은 오랜 기간 부화기를 거쳤다. 만약 어떤 학자가 (그와는 독립적으로 진행한 다른 연구에서) 아주 비슷한 결론에 도달했다는 사실을 눈치채지 못했다면 1859년의 발표는 더 나중으로 미뤄졌을지도 모른다. 그가 출판을 머뭇거린 한 가지 이유는 비방에 대한 두려움이었을 것이다. 특히 종교적인 관점에서 거센 반발이 나오리라는 것은 다윈도 예상했을 터였다. 프로이트가 부딪혔던 모욕과 저항과도 같은 맥락이다. 다윈의 부인 엠마도 남편의 이론이 기독교 가르침에 대한 의심을 담고 있다는 사실에 괴로워했다. 그녀

삶의 기쁨은 어디에서 오는가

는 다윈의 영혼이 구원받을 수 있을지를 진심으로 걱정했다. '영혼의 구원'이라는 말이 오늘날에는 진부하고 공감하기 어려운 표현일 수도 있지만, 엠마는 실제로 사랑하는 인생의 동반자가 지옥에 떨어져 영원히 벌을 받는 일이 실제로 벌어질 것이라고 생각했다. 그런 그녀의 존재론적이고 고통스러운 두려움을 상상할 수 있어야 한다. 빅토리아 여왕 시대 성직자들과 신앙심이 깊은 당대의 사람들은 분노에 가득 찬 목소리로 다윈이 자연을 이해하는 방식이 정통을 거스르며 독실하지 못하다고 단언했다. 이에 대해 작가이자 신학자였던 찰스 킹즐리(Charles Kingsley)는 아무리 자주 인용해도 부족하지 않을 답을 남겼다. "신의 정통주의가 진실이며 다윈이 진실을 말한다면, 그는 정통적이다."

식물과 동물은 주어진 환경에서 모두가 문제없이, 그리고 지속적으로 살아갈 수 있는 개체 수보다 많은 수의 자손을 번식시킨다. 그 결과 자연에서는 경쟁에 대한 매우 큰 압박이 생기고, '생존을 위한 투쟁'이 벌어지게 된다. 이러한 스트레스 상황에서 다윈이 '자연선택'이라고 명명한 독창적인 형식의 고유한 메커니즘이 실행된다. 세대를 거듭할수록 생물체에게서는 조금씩 예측 불가능한 변이가 나타난다. 같은 종 안에서 특정한 꽃이 다른 꽃보다 많은 꿀을 생산한다거나, 어떤 새가 같은 종의 다른 새보다 더 짧은 부리를 갖게 되는 경우다. 이 갑작스러운 변이가 유전되고 개체 경쟁을 유리하게 하는 속성이라면(꿀이 많은 꽃이 곤충을 더 쉽게 유인해 꽃가루를 충분히 퍼뜨린다), 시간이 흐르면서 변이한 생물체가 더 많이 살아남고 시작 방향으로의(즉, 꿀을 더 많이 생산하는 방향으로의) 변이가 북돋아진다. 이것이 점진적으로, 매우 천천히, 환경에 더 잘 적응하는 새로운 생물학적 종이 형성되는 과정이다.

그렇다면 다윈이 발표한 종의 기원, 즉 '진화론'의 어떤 면이 당대에 그토록 문제가 되었을 걸까? 먼저 어떤 종(種)이 처음부터 완성된 상태로 존재하는 것이 아니라 "생성된다"라고 설명한 점이 문제가 되었다. 성경의 창세기는 하느님이 모든 것을 하나하나 완벽한 상태로 만들어놓았다고 말하기 때문이다("하느님이 보시기에 좋았더라"). 더 심각한 모독은 인간을 새로운 서열과 위치에 놓았다는 점이다. 사실 다윈을 난처하게 만들었던 그의 이론은 너무도 명백한 내용이었다. 호모사피엔스를 자연선택의 법칙에서 특혜받은 예외의 종으로 본다거나, 더 높은 차원의 권능과 신의 의지를 반영하는 존재로 볼 이유는 없었다. 모든 근거는 인간도 그저 동식물계의 발전과정을 담은 '생명의 나무'(지금까지 지구에서 살고 있거나 멸종된 모든 생물종의 진화 계통을 나타낸 계통수 - 옮긴이)에서 일개 가지에 지나지 않음을 가리켰다. 또한 생물학 전반에서 인간과 가장 가까운 이웃은 원숭이이며 기원을 거슬러 올라가 보면 원숭이들과 진정한 의미에서 피를 나눈 친척 관계라는 사실을 근거를 들어 밝혀냈다. 인간은 훗날 프로이트가 설명한 대로 "동물과 다를 것도, 동물보다 더 나을 것도 없는" 존재였다.

하지만 다윈의 세계관이 도발적으로 받아들여진 가장 큰 이유는 어쩌면 그의 이론이 의미와 목표, 조화, 세상에 대한 이해를 부정하고 있었기 때문인지도 모른다. 진화 과정의 이면에는 어떠한 계획도 숨어 있지 않았다. 비도덕적일 뿐만 아니라 비효율적으로 보이는 어마어마하고 무자비한 낭비 속에서, 다수의 개체도 아니고 셀 수 없이 많은 종이 단순한 선발 과정이라는 명목으로 선별되거나 멸종되었다. 자연선택에서의 변종은 불규칙하게 이루어졌으며 그 선택은 어떤 성스러운 목표를 향해 나아가기 위한 수단도 아니었다. 다윈은 더 낮거나 더 높은 생물체에 관해 이야기하는 것을 분명하고 단호하게 금지했다. 그는 『종의 기원』에서조차 '진화'에 관해 말하지 않는다. 그가 보기에 이 단어는 하늘의 뜻에 대한 믿음이 담긴, 어떤 상승하는 이미지를 갖고 위계질서를 뒷받침하는 발전의 표현으로 들렸을 것이다.

다윈이 묘사한 대로 조종하는 사람 없이 실험적으로 이루어지는 생물계의 생산 과정은, 신이 지배적인 역할을 담당하던 세계관의 전통에만 어긋나는 것이 아니었다. 사람들의 인식 속에 깊이 뿌리박혀 있었던 질서와 의미에 대한 인간의 욕구와도 어긋나는 것이었다. 다윈은 스스로 "비밀의 비밀"이라 부르던 종의 기원을 밝히는 열쇠를 마침내 찾아냈지만, 새롭게 열린 문 뒤로 보이는 세상은 자신조차 받아들이기 어려워했다. 다윈은 1856년 친구에게 보낸 편지에서 이렇게 썼다. "악마의 사도가 썼을 법한, 이토록 세련되지 못하고 헤프고 서툴고 끔찍하게 잔인한 자연의 행위를 담은 책이라니!"

그런데 이처럼 감정적으로 받아들이기 어렵고 기존의 세계관과도 강하게 충돌하는 이 지점에서 과학이 지닌 교양으로서의 가치가 드러난다. 몇몇 핵심적인 통찰은 이처럼 세상을 밝게 비추는 동시에 사람들에게 좌절감과 당혹감을 안긴다. 빛나는 명료함으로 차라리 보지 않았으면, 알지 못했으면 좋았을 현실을 들추는 것이다. 하지만 교양의 관점에서 보면 환영받지 못하는 생각도 받아들이기 위해 애쓰는 것이야말로 어쩌면 과학적 통찰로부터 얻는 가장 큰 이익이 아닌가 싶다. 이는 인간이 정신적으로 성숙해지기 위해 반드시 치러야 하는 시험과 같다. 지성적으로 편안한 곳에 너무 오래 머물지 않고, 건드려서 아픈 곳을 계속 찾아 나서야한다.

진화론 외에 이러한 측면을 가장 잘 보여주는 예시가 바로 애덤 스미스(Adam Smith)의 시장경제 분석이다. 스코틀랜드 출신의 계몽사상가였던 그는 1776년 『국부론』에서 사유재산과 경쟁, 자유무역에 기반을 둔 시장경제를 이해하기 위한 초석을 마련했다. 다윈주의가 그랬듯이 스미스가 제시한 이론 또한 많은 이에게 미움을 샀다.

마치 지성의 척수가 즉각 반응하기라도 하듯 본능에 가까운 거부반응이었다. 스미스의 이론에 반대하는 사람들은 그를 '자본주의 마녀' 마거릿 대처(Margaret Thatcher)의 정신적 증조부이자 적나라한 이익 추구와 사회적 이기심을 조장하는 선구자로 보았다. 이는 인간적인 관점에서 보든, 지성적인 측면에서 보든 매우 부당했다. 스미스는 냉혹한 이기주의를 옹호하는 사람이 결코 아니었다. 그는 젊은 시절에 인간의 자연스러운 감정이입과 공감하는 성향에 근거를 둔 윤리를 『도덕감정론』이라는 방대한 책으로 집필하기도 했다. 그렇다고 해서 스미스를 미워하는 마음이 이해되지 않는 것은 아니다. 그의 이론에 반감을 느끼는 것은 반(反)다윈주의 때와 마찬가지 이유에서였을 것이다. 스미스와 다윈의 이론은 사람들이 기존에 갖고 있던 도덕적이고 정서적인 선입견과 양립하기 어려웠기 때문이다.

애덤 스미스는 자본주의 경제의 모습을 '선(善)'이 선한 의지의 결과로 나타나는 것이 아니라, 간접적이고 역설적이며 깔끔하지 않은 방식으로 이뤄지는 시스템으로 보았다. 그 출발점은 분업이다. 선진화한 문명에서는 모두가 타인의 상품과 서비스에 크게 의존하고 상호 의존성은 곧 협력으로 이어진다. 이것은 이타주의가 아니라 오히려 이익을 추구하는 마음에서 비롯한 결과다. 스미스는 "우리가 저녁 식사를 할 수 있는 것은 푸줏간이나 양조장, 빵집 주인의 자비심 덕분이 아니라 자기 이익에 대한 그들의 관심 덕분이다. 우리는 그들의 인도주의 정신이 아닌 자기애에 호소하며, 그들과 이야기할 때는 우리의 필요가 아니라 그들의 이익에 관해 말한다'라고 서술했다. 모두가 다른 사람을 통해 돈을 벌고자 하며, 이로 인해 서로가 필요한 것과 서로를 기쁘게 해주는 것을 주고받는 것이다.

이익과 발전에 대한 이기적이고 정돈되지 않은 요구는 가능한 한 자유롭게 방임해야 한다. 그래야만 자본과 노동이라는 자원이 최대한 생산적으로 이용되며, 전체 사회가 알맞게 발전할 수 있다. 기업가가 경제적으로 많은 이득을 취하는 것은 사회적으로도 바람직하다. 기업이 그 수익을 사회를 위해 쓸 것이라고 기대해서가 아니라, 기업이 더 많은 이익을 위해 수익을 투자하고 그에 따라 더 많은 일자리가 창출된다면 임금이 오르고 결과적으로는 더 많은 세금을 거둘 수 있기 때문이다. 보편적인 복지는 제도화한 이기주의에서 생겨난다. 계획이나 설득, 신념과는 무관하다. 개별 경제 주체는 "보통 공공의 이익을 장려할 의도도 없고, 자신이 얼마나 이익을 장려하는지도 모른다"라고 스미스는 이야기했다. 그는 또한 이렇게 말했다. "개인이 가능한 한 높은 수익을 내도록 사업을 이끈다면, 마음속으로는 자신의 이익만 좇을지언정 그 과정에서 보이지 않는 손에 의해 의도하지 않은 목표를 이루도록 돕는다."

애덤 스미스는 '보이지 않는 손'이라는 비유를 통해 다윈의 '생존을 위한 투쟁'이나 '자연선택'처럼 잊히지 않는 인지적 이미지를 창조했다. 그 이미지는 다윈의 것과 마찬가지로 불편하고 자극적이다. 스미스 역시 다윈처럼 사람들의 내면에 자리 잡은 기쁨에 대한 갈망과 따스한 세계관을 무력화했다. 기분 좋은 사상가와는 정반대의 인물이었다.

스미스가 비관론자였냐 하면 그건 전혀 아니었다. 이성이 승리할 것이라는 계몽주의자의 기본 신념을 지닌 사람이었다. 보이지 않는 손은 인간의 사회적 행동을 결과적으로는 행복한 결말로 이끈다. 하지만 이것이 왜곡까지는 아니더라도, 이기주의를 거리낌 없이 활용한다는 점에서 어느 정도 불쾌하고 전도된 방식을 통해 얻어지는 결말이기는 하다. 진실함에 대한 요구 따위는 지켜지지 않는다. 사람들은 일반적으로 선이 선을 가져오고 악이 악을 가져오는 현실을 바란다. 이웃에 대한 사랑과 연대는 공익을 보장하고 무절제한 이기심은 사회의 단결을 저해하는 결과로 이어지길 기대한다. 하지만 애덤 스미스의 현실은 그렇지 않다. 그의 이론은 선으로 향하는 길이 우회로일 수 있다는 사실을, 그것도 더러운 곳을 지나는 우회로일 수 있다는 사실을 마주하는 과정인 셈이다.

프로이트는 '인간 모독'과 관련한 목록을 나열하며 과학만 언급한다.

사물의 본질을 파악하려는 인류의 추상적이고 사색적인 방식인 철학에 관해서는 다루지 않았다. 프로이트는 자신이 세상에 대해 견고한 통찰을 제공한 코페르니쿠스와 다윈 같은 과학자 집단에 속한다고 생각했다. 골몰히 생각에 잠겨 세계관을 제시하는 공상가는 되고 싶지 않았을 것이다. 하지만 교양의 관점에서 철학은 결코 과학보다 흥미가 덜하지 않다. 물론 2500년이 지난 오늘까지도 철학이 입증해 보이는 확실한 결론, 일반적으로 널리 수용될 만한 결론이 없다는 것은 사실이다. 정신과 물질의 관계, 인간의 자유의지와 결정론에 대한 물음, 선하고 인간다운 행위에 대한 옳은 규칙…. 세계 철학자들은 이 중 어느 하나에도 일치된 의견을 내놓지 않는다.

그럼에도 철학은 교양의 대상이 되기에 두루 적합하다. 프로이트가 이야기한 대로, 철학에는 우리가 당연하다고 생각하는 것들을 흔들고 바꿔놓는 혼란의 잠재성이 충분하다. 소크라테스는 자기 자신을 등에(곤충류 파리목에 속한 등엣과의 벌레)로, 아테네 사람들을 군마(軍馬)로 비유했다. 군마는 훌륭하지만 어딘가 조금 굼뜬 면이 있어서 등에가 찌르면 그제야 편안한 휴식에서 깨어나 움직이는 말이다. 소크라테스는 결국 철학이 지닌 성가시고 불쾌한 특성 때문에 목숨을 잃었다. 아테네인들은 자신들이 확신하던 대상을 향해 그가 계속해서 던지던 의심 가득한 물음을 참지 못하고, 결국 소크라테스에게 사형을 선고하고 말았다.

소크라테스와는 달리 베를린대학교의 존경받던 교수였던 헤겔은 비교적 무탈하게 현존재(Dasein, 특정한 장소에 특정한 방식으로 존재하는 현실적인 존재)를 지나왔다. 헤겔은 19세기 초 비공식적으로 프로이센의 사회주의 이념을 제공했던 인물이다. 하지만 그 역시도 진정으로 깊은 사유는, 정상적인 일상에서의 지각과 불가피하게도 적대적인 입장에 놓인다고 확신했다. 철학이 철학인 이유는 "인간의 건강한 인지와 정확히 대치된다는 바로 그 지점 때문"이라고 말한 그는 "이러한 맥락에서 철학의 세계는 전도된 세계"라고 했다. 철학은 사물을 뒤틀고 사람들을 혼란스럽게 하는 체계적인 프로젝트다.

플라톤의 이데아론을 다시 살펴보자. 이데아론에서 '진정한 현실'은 물질적이고 구체적인 대상들로 구성되어 있지 않다. 이것들은 감각으로 파악하지 못하는 정신적인 현실과 실제의 희뿌연 반영이자, 일종의 그림자일 뿐이다. 처음에는 이 말이 허무맹랑하게 들릴 것이다. 하지만 이 생각이 정말 그렇게 잘못되었을까?

종이 한 장을 가져와 여러 개의 삼각형을 그려보자. 조금 큰 삼각형, 그보다 작은 삼각형, 각도와 변의 길이가 각기 다른 삼각형 등 그 모양과 크기는 모두 조금씩 다를 것이다. 플라톤이 이 그림을 보았다면 아마도 이렇게 말하지 않았을까. "종이 위에 그려진 이 도형들이 모두 삼각형인 이유는 삼각형이라는 이데아에 관여하기 때문이다." 그 이데아는 여기 그려진 도형들을 정의하고, 삼각형이 삼각형일 수 있게 해주며, 등급과 생성에 있어 종이 위에 그려진 도형보다 어느 정도 앞선 위치에 있다. 삼각형의 이데아가 본래의 것이자 핵심과 기원이 되는 현실이다. 개별 삼각형은 이를 그저 불완전하고 제한적으로 표현하는 것뿐이다.

이 말이 앞뒤가 뒤바뀐 말처럼 들리는가? 그렇다면 '이데아'와 '현상'의 관계를 반대로 놓고 생각해 보자. 이것만으로도 플라톤의 말에 일리가 있다는 확신이 들 것이다. 그림을 그려놓은 종이를 다시 한번 보자. 과연 개별 삼각형들이 먼저 존재했고 그다음에 삼각형의 이데아가 생겨났다는 주장이 더 설득력이 있을까? 이렇게 그려진 그림을 보고, 또는 어디에선가 본 그림을 바탕으로 삼각형이라는 이데아를 도출했다는 말이 더 맞는 걸까? 3개, 30개 또는 300개의 구체적인 삼각형을 본 다음에 추론의 과정을 거쳐서 삼각형의 이데아를 개념화했다는 말이 정말 옳을까?

이처럼 경험 지식이 우선하고 이를 바탕으로 기하학 형태가 나왔다는 상상에는 무언가 어긋났다는 느낌을 지울 수 없다. 도형을 인지하는 것은 그보다 즉각적이고 직접적이며 일종의 정신적 인지 행위이지 개별 사례에서 도출하는 행위가 아니기 때문이다. 플라톤이 생각한 것처럼 '삼각형'은 실제로 '삼각형들'보다 우선권을 갖는다. 그 연결고리를 어떤 방식으로 정확히 이해하고 설명하든 여기에서는 보편적인 것이 특별한 것 위에, 보이지 않는 것이 보이는 것 위

삶의 기쁨은 어디에서 오는가

에 있다. 이것이 플라톤의 이데아론에 대한 증명은 아니다. 이데아론을 증명하려면 어려운 개념들을 설명하고 정리해야 하는데, 여기서는 다루지 않겠다. 수학의 세계(삼각형)는 조금 다른 경우이고 사물의 세계와는 간극이 크다. 우선 나의 목적은 일반적인 현실 뒤에 또 다른 세계가 있으며, 심지어 그것이 더 실제적인 세계라는 난해하고도 혼란스러운 개념이 이해되도록 돕는 데 있다.

인류가 이러한 비물질적 현실을 인식하게 된 것은 갈릴레이가 처음으로 망원경을 통해 하늘을 관찰한 것이나, 콜럼버스가 미국 대륙을 발견한 것만큼 획기적인 사실이다. 새로운 영적 대륙의 발견인 셈이다. 이러한 혁신은, 플라톤이 인간의 건강한 오성(悟性)을 내려놓고 완전히 거꾸로 뒤집힌, 철학의 '전도된 세계'를 세우지 않았다면 불가능했을 것이다.

과학에 비해서 철학에서는 특정 주제를 놓고 논의하는 것이 그럴 만한 가치가 있는 일인지 단정 지어 말하기가 어렵다. 모든 사안에 대해 가망 없는 논쟁을 벌이고 어떤 결론에도 도달하지 못한 채 끝나는 경우가 흔한 것도 같은 맥락이다. 아르투어 쇼펜하우어가 헤겔에게 그랬듯이, 유명한 철학자가 다른 철학자들에게 사기꾼이라 욕한 경우도 왕왕 있었다. '거짓말쟁이', '허풍쟁이', '한심한 후원자'는 쇼펜하우어가 자신이 증오하던 헤겔에게 퍼붓던 욕설 중 일부에 지나지 않는다. 물론 쇼펜하우어의 평가가 공정하다고는 말할 수 없다. 하지만 그도 아무런 근거 없이 이런 말을 한 것은 아니었다. 헤겔은 걱정스럽게도 자신의 관념적 실험실에서 신뢰할 수 없는 정신적 연금술에 빠지는 경향을 보였다. 나 또한 이런 논쟁의 여지가 있는 철학자의 책을, 교양을 위한 필수 도서 상위 목록에 올려두고 싶지는 않다.

예술적으로나 인간적으로 플라톤은 다른 차원의 사람이었다. 그는 진정한 '삶의 안내자'였다. 나는 고등학교 졸업을 앞둔 어느 여름날 오후, 숲속 잔디밭에 앉아 플라톤의 책을 읽고 있었다. 너도밤나무에 기대어 나뭇잎을 지붕으로 삼고 있었는데, 나는 잠시 이 나무가 『파이드로스』의 대화가 오갔던 플라타너스 나무가 아닌지, 내가 지금 있는 이곳이 고대 아테네 일리소스 강변에서 뮤즈(Muse)를 기리던 신성한 장소 주변이 아닌지 하는 상상을 해보았다. 한번은 그리스어 수업 시간에 플라톤의 글을 번역하는 연습을 했다. 자신의 스승인 소크라테스가 아테네 사람들에 의해 신성모독으로 사형을 선고받고 이내 죽음을 맞이하는 장면을 묘사한 글이었다. 소크라테스는 감옥에서 도망칠 수 있었지만 스스로 불의를 행하기보다는 불의에 고통받는 쪽을 택했다. 그는 무고에도 불구하고 독배를 받아 마셨다. 보통 우리는 함께 읽은 구절을 놓고 토론하면서 수업 시간을 마무리했다. 그런데 그날은 달랐다. 우리가 번역을 끝내자 선생님은 꽤 긴 시간 말을 아끼더니 침묵으로 수업을 마쳤다. 우리는 직감적으로 이것

삶의 기쁨은 어디에서 오는가

이 위대한 문학이라는 사실을 알아차렸다. 나아가 기독교인들이 그리스도의 수난으로 예수의 죽음을 이야기하듯이, 종교를 벗어난 세계에서는 이 장면이 성스러운 텍스트라는 것을 깨달았다. 일종의 인본주의 성경 구절인 셈이다.

플라톤은 선동가이기도 했다. 그는 국가를 논하는 저서를 통해 지식인들과 소위 '교육받은 사람들'에게 그들이 보통 사람들보다 더 나은 존재라는 생각을 심어주었다. 또한 그들이 새로운 귀족정치를 이끌어야 한다고 주장했다. 획기적인 발견으로 영원히 남을 이데아론은, 정신세계를 다루는 것이 더 높은 지위를 증명하는 것으로 통하는 플라톤의 정치적인 사고 안에서 추악한 권위주의 사회 이념을 부추기는 도구가 되어버렸다. 플라톤은 "철학자들이 사회를 지배해야 한다"라고 권유했지만, 현대에는 누구도 그 권유를 말 그대로 받아들이지 않는다. 다만 이 발언은 큰 불행을 초래하기도 했다. 교양이 엘리트주의적인 교만을 낳았으며, 이는 곧 전문가들이 사회를 이끄는 것이 가장 바람직하다는 기술관료주의의 주장을 뒷받침했기 때문이다.

철학자 칼 포퍼(Karl Popper)는 1945년 그의 저서『열린사회와 그 적들』에서 "플라톤의 이론에서 현대 전체주의적 독재의 선구자를 보았다"라고 저술했다. 나아가 카를 마르크스를 다룬 2권에서는 인간의 자유에 해를 입힌 위대한 철학자들에게 정당한 분노를 표출했다.

최초의 질서를 확립한 철학자 중에, 지성적으로나 도덕적으로 모든 면에서 의심할 여지 없이 언제나 기분 좋게 마주할 사람은 단 한 명밖에 없을지도 모른다. 1724년에 태어나 1804년에 생을 마감한 이마누엘 칸트다. 칸트는 프로이트의 과학 이단자들처럼 사고의 혁명을 일으킨 철학자인 동시에 예측 가능한 성격을 지닌 평범한 사람이었다. 그에게 경탄을 표했던 작가 하인리히 하이네(Heinrich Heine)는 칸트를 완전히 반영웅(Antihero, 영웅적인 히어로와는 달리 비영웅적이고 약한 모습을 보이는 유형)의 모습으로서 흥미롭다고 생각했다.

"칸트의 인생사를 서술하기는 어렵다. 그에게는 인생도, 역사도 없었기 때문이다. 칸트는 독일 동북부 경계에 있는 오래된 도시 조용한 골목길에서 기계적으로 정돈되고 거의 관념적이라고 표현할 수 있는 나이 든 독신주의자의 삶을 살았다. 나는 이마누엘 칸트가 동네의 대성당 시계탑보다 더 냉정하고 규칙적으로 일과를 수행했으리라 생각한다. 기상, 커피 마시기, 집필, 독서, 식사, 산책 등 모든 것은 정해진 시간에 이루어졌다. 그가 회색 연미복을 입고 스페인산 지팡이를 손에 쥔 채로 보리수가 늘어선 길을 걷기 시작할 때면 이웃들은 그때가 오후 세 시 반이라는 사실을 알 수 있었다. 칸트 덕분에 '철학자의 길'이라는 이름을 얻은 이 길을 그는 모든 계절에 하루 여덟 번씩 왕복했다. 날씨가 흐리거나 곧 비가 쏟아질 듯이 먹구름이 잔뜩 낄 때면, 마치 신의 섭리를 그린 그림처럼 낡은 램프를 든 그의 하인이 긴 우산을 팔에 낀 채 걱정스럽게 뒤따르는 모습을 확인할 수 있었다. 겉으로 보기에 이와 같은 삶을 사는 사람이, 그토록 세계를 부숴버릴 듯한 파괴적인 사고를 할 수 있다니! 이 얼마나 기이한 대조인가."

칸트는 어떤 생각을 했을까? 그는 철학이 성과가 없는 학문으로 악명 높다는 사실에 괴로워했다. 그리고 현대 사상 전반에 새로운 방향을 제시할 수 있는 급진적인 해결 방안을 찾았다. 그는 자신의 주요 저서 『순수이성비판』에서 이런 물음을 던졌다. 항상 '무엇'을 깨닫고 싶은지에만 집중하는 것이 잘못된 일은 아니었을까? 어쩌면 우리는 '어떻게' 깨달을 수 있는지에 대해 먼저 생각해야 하지 않을까? 어쩌면 우리의 생각에 외부의 세계가 반영되는 것이 아닌지도 모른다. 어쩌면 우리의 생각이 외부의 세계를 어떻게 보는지 결정짓는 게 아닐까?

칸트가 말하길, "지금까지의 모든 깨달음은 어떤 대상을 향해 있어야 한다고 가정했다." 하지만 이런 방식의 철학은 아무런 성공도 거두지 못했다. 그래서 전제를 바꾸어, "대상이 인간의 깨달음을 향하도록, 한번 시도해 보는 것이다." 칸트는 독자들에게 지난 역사에도 본보기가 있었다는 점을 상기시켰다. "이는 코페르니쿠스의 첫 발상과 같은 맥락이다. 하늘의 움직임을 파고든 그의 연구는 별의 무리가 관측자를 중심으로 돈다는 가정에서는 진척이 없었다. 그러다가 관찰자가 돌고 별들은 그대로 두면 더 나은 결과가 나오지 않을까 하고 시도해 보게 되었다."

지구가 아닌 태양을 중심에 둔 질서를 생각해 낸 코페르니쿠스처럼, 칸트는 예전부터 전해져 내려와 당시 사람들에게 익숙했던 현실의 그림을 전복시켰다. 다만 이번에는 그 방향이 인간을 향하는 쪽으로 바뀌었다. 칸트는 인지능력과 사고능력을 지닌 주체를 중심에 놓고, 소위 객관적인 사물의 현실 세계가 그 주위를 도는 것으로 생각했다. 코페르니쿠스가 물리적 우주의 중심에서 내쫓았던 인간을 철학적 우주의 중심으로 데리고 온 것이다.

칸트의 이론이 지닌 위험성은 단박에 눈에 띈다. 현실이 우리 머릿속에서 나온다는 생각은 근거 없는 임의성과 완전한 상대주의를 뒷받침하기에 좋은 주장이다. 하지만 매일같이 세 시 반이면 집에서 나와 성당의 시계탑만큼이나 정확하게 움직였던 '합리성과 질서의 대명사' 이마누엘 칸트는 그러한 사실을 의도했거나 용인할 사람이 절대 아니다. 칸트에 따르면 우리의 의식은 절대 제멋대로 움직이지 않는다. 우리의 의식은 벗어버리지도 못하고 일그러짐을 알아채지도 못하는 '악마의 안경' 같은 것이 아니다. 오히려 정확하게 분석할 수 있으며 매우 투명하고 신뢰할 만한 방식으로 작동하는 도구다. 우리의 의식은 경험과 감각 정보를 공급받으면 그 자료들을 매우 잘 짜인 일정한 법칙에 따라 규정된 현실로 분류한다. 이것이 경험에 근거한 관찰로 명제를 발전시키는 과학의 절차이자 견고한 방식인 셈이다.

하지만 인간 정신이 해내지 못하는 한 가지가 있다. 한 인간의 결론과 증명은 자신이 경험한 실제를 벗어나지 못한다는 것이다. 칸트가 이름 붙인 대로 '초월적'인 것, 감각과 인지의 영역을 넘어서는 것들은 한 개인이 알아차릴 수 없다. 우리는 신의 존재나 영혼의 유무를 영원히 증명해 내지 못할 것이다. 우리가 지금까지 충분히 고민하지 않았거나 정보가 부족해서가 아니다. 그러한 것들은 근본적으로 우리가 도달할 수 있는 영역 밖에 놓인 주제이기 때문이다. 하인리히 하이네가 칸트의 생각을 '세계를 부숴버릴 듯 파괴적'이라고 표현한 것도 이러한 이유에서다. 칸트는 종교적인 믿음에 대한 모든 논증을 반박했다. 하이네가 칸트에 관해 쓴 글에는 악의라고는 없어 보이는 오후 산책 애호가에 대한 만족이 묻어난다. 하이네의 표현을 빌리자면 칸트는 "하늘을 공격하고 모든 수비대를 제거했다. 증명되지는 않았지만 세계의 군주는 자신의 피에서 허우적대고 있고, 이제는 자비도, 아버지의 유산도, 현세에서의 절제가 내세에서 보상을 받는 일도 없다. 영혼의 불멸성도 이제는 끝나버렸다. 그것은 숨 가쁜 소리를 내고 신음하고 있다." 하이네가 신을 모독하는 승리의 축배를 다소 빨리 든 것도 사실이다. 『순수이성비판』의 분석에 따르면 '세계의 군주'에 대한 반박은 그를 증명해 내는 것만큼이나 어렵기 때문이다. 신이 없다고 믿는 것은 종교를 믿는 것만큼이나 믿음이 필요한 일이다.

이마누엘 칸트는 인간의 머릿속을 정리하고 질서를 창조하며 정신이 이성을 찾도록 한 최초의 사람이다. 막연한 사색보다 실제로 쓸모가 있거나 눈에 보이는 대상을 즐겨 다루었던 괴테는 "칸트의 책을 펼쳐 들면 마치 밝은 방에 들어온 듯하다"라고 말한 바 있다. 이것만으로도 칸트는 존경을 받기에 충분하다. 하지만 내가 천문학에 사로잡혀 있을 때, 왜 하필 아버지가 칸트의 『실천이성비판』을 통해 삶과 사고에서 가장 중요한 게 무엇인지를 상기시켜 주려 했는지는 좀 더 자세한 설명이 필요하다. 그러려면 칸트는 더 위대한 인물이어야 하고, 실제로도 그는 위대한 인물이었다. 현학적인 언어와 가끔은 신경을 날카롭게 만드는 성실성, 그의 냉철한 생활 방식에도 불구하고 이마누엘 칸트는 감동과 사랑을 주는 인류의 진정한 친구이자 존경받는 사상가였다.

그가 만약 속물이었다면 프랑스혁명에 그토록 감격하지는 않았을 것이다. 1789년 7월, 정치범을 가두던 감옥이자 독재정치의 상징인 바스티유가 함락됐다는 소식을 듣고 칸트는 드물게 산책 루틴을 어겼다. (그가 루틴을 어긴 또 다른 경우는 장 자크 루소의 소설 『에밀』에 빠져 사흘 동안 방에만 틀어박혀 있을 때였다.) 칸트의 제자는 칸트가 바스티유가 함락되던 그날 "1마일 밖에 있던 우체부를 마중 나갔다"라고 전했다.

사람들과 모이면 지치지 않고 이 사건에 관해 활발하게 이야기했다. 그가 프로이센 왕국의 공무원이었다는 사실을 고려하면 꽤 위험한 선택이었다고 볼 수 있다.

이후 그는 프랑스혁명이 폭력과 테러로 얼룩지며 추락하는 모습에 혐오를 느꼈지만, 국민의 정치적 자결권을 찾겠다는 혁명 초기의 의도와 추진력만큼은 끝까지 옳다고 믿었다. 비록 당시에는 속을 터놓고 시원하게 표현하진 못했으나, 그는 민주주의자이며 공화주의자였다. 결국에 그는 민주정치만이 지속적으로 평화를 보장해 줄 것이라 믿었다. 실정에 무지한 영주들은 전쟁을 쉽게 생각하지만 그 아래 신민들은 유혈 사태가 벌어지고 나라가 황폐해지는 것을 반드시 막아야 할 수많은 이유를 알았다. 전쟁이 벌어지면 가장 크게 고통받는 쪽은 국민이었다. 칸트는 세계시민이자 계몽주의자였다. 그는 승리주의에 젖은 편협한 계몽주의자가 아니었다. 세상에 숨겨진 비밀은 없고 자신이 모든 것을 꿰뚫어 볼 수 있다고 믿었던 사람이 아니라, 이성과 합리성의 한계를 알면서도 일단은 더 나은 대안이 없으니 여기에 기대어 우리의 운을 시험해 봐야 한다고 생각했던 사람이다. 칸트가 서술한 바, "계몽은 자신에게 그 책임이 있는 미성숙으로부터 인간을 벗어나게 해주는 출발점이다." 완전하고 흠결이 없는 진실에 도달할 수는 없지만 성숙한 상태에는 도달할 수 있다. 어렵지만 도전해 볼 수 있다. 이마누엘 칸트는 독일의 가장 위대한 철학자인 동시에 가장 위대한 자유주의자였다.

자유를 위한 칸트의 인본주의는 오랜 기간 빛을 보지 못했다. 이것은 프로이센 왕국의 잘못된 가치관으로 그의 도덕 철학에 대한 오해가 쌓였기 때문이다. 흔히 칸트의 윤리는 '의무의 윤리'라고 알려져 있다. 맞는 말이기는 하지만 칸트가 말하는 '의무'는 보통 사람들이 생각하는 그것과 완전히 다른 개념이다. 그는 군인이나 공무원에게 기대되는 복종과 복무의 의무 등을 말한 것이 아니었다. 그가 생각하는 '도덕'도 오늘날 대부분의 사람들이 생각하는 도덕의 의미와 전혀 달랐다. 칸트가 이야기하는 도덕적 의무란 침대에서든 어디에서든, 타인의 지시나 명령에 따르지 않고 스스로 규정을 세우고 그에 걸맞게 행동하며 살아가는 것을 의미한다. '자주성'이란 말에 담긴 의미와 같다. 스스로 법칙을 정하는 것이다.

칸트는 사람들에게 자신이 하는 행위가 도덕적인지 아닌지 시험해 보는 방법을 제안한다. 바로 그 유명한 '정언 명령'이다. 당신이 따르려고 하는 원칙이 누구나 따르는 보편 법칙이 되어도 괜찮다고 생각할 때만 해당 원칙에 따라 행동해야 한다. 우리가 하는 행동이 선한 행동인지의 여부는 우리가 하는 행동이 일반적인 원칙이 되기를 바라는지 아닌지에 따라 가늠할 수 있다. 잘못된 행동이라면 자기 자신의 이익을 위해서 특별하고 드물게 행해지길 바랄 테다. 거짓말을 예로 들어보자. 거짓말을 하는 사람은 남들이 두루 거짓말을 하며 사는 세상에 살고 싶어 하지 않는다. 오히려 그 반대로, 모두가 진실을 말하는 가운데 자신만 거짓말을 할 수 있기를, 일종의 특혜를 받기를 바란다. 이를 통해 우리는 거짓말이 잘못된 행동임을 깨달을 수 있다. 그 잘못된 행동이 보편타당성의 테스트가 비추는 빛, 즉, 정언 명령의 빛을 꺼린다는 의미이기 때문이다.

칸트의 윤리학은 깨끗하고 밝으며 마치 활짝 열어둔 창문처럼 상쾌한 바람이 밀고 들어오는 느낌이다. 그의 윤리학은 외부 권력으로부터 어떤 행위가 옳고 그른지 그 기준을 제시해 주길 바라는 종속적인 형태가 아니다. 자유롭고 성숙한 사람을 지향한다. 그렇다고 해서 이미 잘하고 있다는 텅 빈 위로를 건네는 관용과 자애가 아닌, 엄격한 철학이다. 자아를 탐색하고 비판하라고 등을 두드린다. 칸트의 철학은 양심의 심오함과 이성의 날카로움을 동시에 지녔다.

만약 먼 훗날 외계인들이 내게 다가와 인간 종족의 지식과 능력을 입증해 보일 것을 요구한다면, 나는 셰익스피어의 희곡과 함께 모차르트의 음악, 칸트의 철학을 내보일 것이다.

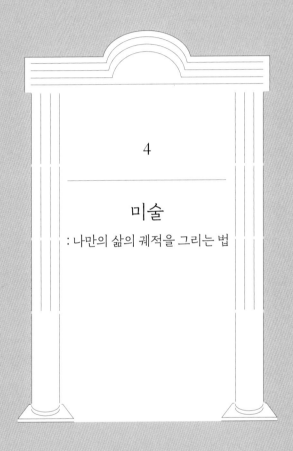

4

미술

: 나만의 삶의 궤적을 그리는 법

"모든 해석과 설명을 걷어 낸 그곳에서

비교할 수도 설명할 수도 없는,

신비와 기적이 있다는 사실을 인정하고 즐겨야 한다."

✤

나는 이혼 가정의 아버지로서 지난 수년간 엄마와 살던 두 어린 아들과 어떻게 하면 즐거운 일요일을 보낼 수 있을지 고민해야 하는 과제를 안고 있었다. 애석하게도 나는 이런 쪽으로 별 재능이 없었다. 아니, 솔직히 말하자면 이 숙제가 별로 즐겁지 않았다. 그래서 재혼한 아내가 나를 도울 방법을 제안했을 때 몹시도 고마웠다. (아이들도 함께 안도의 박수를 쳐주었다.) 아내는 아이들과 함께 자신의 오랜 지인이자 화가 겸 조각가인 라이너 페팅(Rainer Fetting)의 작업실에 방문해 보라고 권했다.

미술에 전혀 관심이 없더라도 페팅과 동시대를 살아가는 독일인이라면 그의 작품을 텔레비전에서 한 번쯤 봤을 것이다. 독일 사회민주당 당사 로비에 세워진 빌리 브란트(Willy Brandt) 전 총리의 거대한 조각상이 바로 페팅의 작품이기 때문이다. 역사적 인물을 형상화한 이 조각상은 보는 이를 압도할 만큼 크기가 커서 현세대 정치인들이 그 앞에서 발언을 할 때면 매우 작고 초라하게 느껴졌다. 그러한 점에서 이 작품은 수년 동안 사회민주당에 의도치 않은 곤혹스러움을 선사한 동시에, 놀라운 예술의 힘을 증명해 왔다.

아내가 보기에 페팅의 작업실은 재혼 가정이 여가 시간을 보내기에 유익했고, 아이들에게도 현대미술을 접할 좋은 기회를 마련해 주었다. 아내는 고대에 집착하는 나 때문에 아이들이 평생 라파엘로(Raffaello)나 티치아노(Tiziano) 같은 옛 거장들만 접하게 될 것 같다고 말했다. 내가 그나마 신작이라며 보여줄 법한 작품은 피카소가 1937년에 반전(反戰) 메시지를 담아 그렸던 「게르니카」 정도가 아니겠느냐고 놀렸다. 음악이라면 아이들이 클래식 음악 마니아인 아빠에게서 벗어나 자유롭게 각자의 기호를 찾아가리라고 믿었지만(실제로 아이들은 헤비메탈 음악에 건전하게 빠져들었다), 미술에서는 이미 보수주의 선동에 물든 두 아들의 관심을 돌리기 위해 각별히 노력해야 했다. 아내는 페팅의 작업실을 찾아가는 게 도움이 될 거라고 믿었다.

아내의 작전은 대성공이었다. 작업실을 둘러본 두 아들은 얼마간 감동을 느꼈고 괜찮은 인상을 받은 듯했다. 무엇보다 아이들은 겁먹지 않았다. 평소에 다소 수줍음이 많고 예민한 모습을 보이던 페팅도 자신의 창조 세계를 보여주며 신이 난 듯했다. 두 개 층에 걸친 그의 왕국에는 캔버스와 작업 중인 그림, 작업 도구로 가득했다. 우리는 길을 돌아서 가거나 좁은 틈을 비집으며 앞으로 나가야 했다. 마치 한 명의 근로자를 둔 예술 공장 같았다.

이 글을 쓰면서 나는 다시 한번 페팅의 작업실에서 가장 기억에 남는 것이 무엇이었는지 두 아들에게 물었다. 작업실에 방문할 때만 해도 꽤 어렸던 둘째 아들 베네딕트는 세세한 것들은 기억나지 않는다고 했다. 그러면서 벽에 걸려 있던 새의 모습을 한 거대한 초상이 어둡고 무섭게 느껴졌다고 했다. 페팅의 예술 세계 전반이 베네딕트에게는 그다지 아름답게 느껴지지 않았나 보다. 베네딕트는 어렸을 때부터 이미 페팅과는 매우 다른 화풍에 끌렸다. 가장 좋아하는 예술가가 누구냐고 물으면 끝없이 펼쳐지는 풍경을 몽환적인 분위기로 그려낸 낭만주의 화가 카스파르 다비트 프리드리히(Caspar David Friedrich)를 꼽았다. 둘째는 누군가가 그림으로 먹고살 수 있다는 점, 화가가 실제로 하나의 직업이라는 점에 강한 인상을 받은 듯했다. 아이들 눈에는 가끔 그림으로 생계를 유지한다는 게 꽤 편하게 돈을 버는 방식으로 보인 듯했다. "그 점은 분명 매력 있었어요!"라고 베네딕트가 문자를 보내왔다. "페팅은 독특하고 자신만의 세계에 사는 사람 같았어요"라고 덧붙인 걸 보면 아무래도 조금은 별나고 기이한 사람이긴 했나 보다.

첫째인 레오는 좀 더 자세하게 기억했다. "거실 이곳저곳에 놓여 있던 물감의 냄새. 다른 직업에서와 마찬가지로 차례차례 질서에 따라 작업이 이루어지는 어마어마한 양의 그림들." 내 질문에 레오는 이렇게 답했다. 첫째가 작업실을 방문하고 깨달은 건 예술이 실제로 예술이 되기까지 거쳐야 하는 기나긴 과정, 즉 원하는 결과물이 나오기까지 반복해야 하는 끊임없는 시도들이었다. 그는 "그림 뒤에 그 그림을 그린 사람이 있다는 사실"이 흥미로웠다고 했다. 레오는 자신의 아이디어에 의구심을 품은 채 여러 번 시도하고, 하나의 작품을 탄생시키기까지 개선에 개선을 거듭하다가도, 끝내 원하는 결과물이 나오지 않으면 작업물을 다 찢어버리는, 작품 뒤에 있는 예술가의 존재에 관심을 가졌다. "빌리 브란트 동상의 머리를 그린 다양한 스케치들이 기억에 남아요. 텔레비전에 나올 때는 그냥 '아, 빌리 브란트네' 하고 지나치잖아요. 그게 거기 놓이기까지 과정은 생각해 보지도 않고." 조형물이 완성되기까지 얼마나 많은 실험이 이루어지는지, 작업물이 성숙되기까지 얼마나 많은 과정을 거쳐야 하는지를 아이들은 페팅의 작업실을 방문하여 장막 뒤의 모습을 엿보고서야 비로소 깨달았다.

두 아이는 그날 예술의 현실성을 배웠다. 작품이 하늘에서 떨어져 미술관에 걸리는 것이 아니라 땀과 노력의 결실 끝에 얻어진 성공이라는 사실을, 예술은 수작업이며 하나의 직업이자 사업이라는 사실을 알게 되었다. (베네딕트는 페팅이 그림을 그리는 것 자체보다, 그림들을 판매하느라 바빠 보이는 것을 조금 슬프게 생각했다.) 나의 아버지가 아크로폴리스를 당신 눈으로 직접 보고 난 뒤에야 고대 그리스가 동화의 세계가 아닌 실재하는 세계라는 걸 실감할 수 있었듯이, 나의 아들들도 예술가의 작업실을 방문하고 나서 화가나 조각가도 세무사나 재활 치료사처럼 직업의 하나라는 사실을 알게 되었다.

페팅은 브란트 조각상의 본을 뜰 때 점토를 사용했는데, 회화보다는 조각에 서툴러서 연습 차 여러 번 반복해서 작업을 했다는 이야기를 아이들에게 들려주었다. 자신이 만들어둔 초안의 정하중이 맞지 않아 하룻밤 사이에 무너져내렸을 때 크게 좌절했다는 이야기도 해주었다. 예술가의 삶에 이토록 단조로운 면도 있다는 점("내 조각이 잘 서 있을까?"라는 질문이 "케이크 반죽이 충분히 부풀어 오를까?"보다 한 차원 높은 질문이라고는 보기 어렵다)은 처음엔 낯설게만 느껴졌던 미술에 거리감을 좁혀주었다. 동시에 페팅이 사는 뉴욕의 집, 국제 예술 시장, 홀로 결투를 벌여야 하는 예술가의 자기주도적인 삶 등의 요소들은 신나고 멋진 인상을 남겨주었다.

우리의 방문을 성공적이었다고 할 만한 이유는 더 있었다. 레오는 나에게 이메일을 보내며 라이너 페팅의 예술이 명백히 '진보적'이었음에도 '순수하게 추상적인 형태'는 아니어서 좋았다고 했다. 페팅은 눈에 보이는 대상을 사실대로 표현하는 구상예술가(Figurative Artist)다. 빌리 브란트의 모습, 베네딕트가 섬뜩하다고 표현한 새, 내가 가장 생생하게 기억하는 캔버스 위의 노란 뉴욕 택시들까지 모든 대상은 우리 눈에 보이며 감각으로 느끼는 현실과 꽤 밀접했다. 사진처럼 정확한 모습 그대로 그림에 담기는 게 아니라, 작가의 표현 방법에 따라 낯선 형상을 하며 작가만의 혼을 담고 있지만 사물의 세계나 인간의 직관적인 세계와 완전히 동떨어지지는 않았다. 라이너 페팅의 예술은 단순한 색과 형태의 놀이가 아닌, 재현이다.

예술로서 조형의 시작은 모조, 그리고 복제와 관련이 있다. 두 아들은 페팅과 같은 구상예술가를 통해 예술을 구성하는 미메시스(모방)와 판타지라는 두 가지 차원을 파악하고 이를 경험했다. 그리스어 미메시스를 단어 그대로 해석하면 '흉내 내다'라는 뜻으로 앞서 플라톤과 아리스토텔레스에 관해 이야기하면서 마주친 개념이기도 하다. 이는 예술의 재생산적인 측면을 의미하는 단어로, 예술 바깥의 현실을 기록하고 이를 소재로 사용하며 재현한다는 뜻이다. 한편 판타지는 자유롭고 창조적이며 생산적인,

이미 존재하는 것들을 뛰어넘어 어디에도 속하지 않는 예술의 특징을 가리킨다.

둘째 베네딕트가 기억하는 그림 속 새들은 겉모습의 특징으로 무슨 종인지 알아볼 수 있었다(펠리컨이었다). 하지만 그림 속 새들이 섬뜩해 보인 이유는 새의 자연적, 객관적 특성 때문이 아니라 작가가 더한 특성이나 변형 때문이었다. 말하자면 작가는 새들에게 마법을 걸었다. 그림이 정말 좋을 때 그림은 모델을 넘어 확장한다. 예술은 현실을 반영하지만, 동시에 자신만의 현실을 만들어내기도 하며 그 자체로도 현실이다.

예술에서 정말 중요한 특성은 이것뿐이다. 시대와 양식, 문화를 막론하고 마찬가지다. 이 유일하고도 결정적인 측면에서 보면 옛 대가들이나 동시대 예술가들 사이에는 차이가 없다. 세상을 바꾸고 새로운 세계를 창조해 내는 예술의 힘은 서양만이 가진 특권도 아니며, 그 힘은 일반적이면서도 흔치 않다. 예술은 어디에나 있고, 어디에서도 드물다.

예술이 지닌 이러한 변형의 힘을 나는 인도에서도 마주했다. 낯선 그곳에서 나를 가장 먼저 놀라게 한 것은 인도 전통 조각들이었다. 인도에는 고대 그리스 조각상만큼이나 고귀하고 비밀스러운 침묵을 간직하는 불상들이 있다. 빙켈만은 분명히 이 '깨우친'

조각 작품에서도 고대 그리스인들의 이상적 관념이었던 '고귀한 단순함, 고요한 위대함'을 발견했을 테다. 중세 힌두교 사원에 석조로 피어난 조각 장식은 고딕 양식으로 지어진 대성당을 떠올리게도 한다.

어느 무더운 날, 나는 건조한 돌투성이 풍경 속에서 지붕이 둥근 건축물 산치(Sanchi)의 거대한 사리탑을 바라보고 있었다. 산치는 기원전 1~2세기에 부처의 유품을 보관하기 위해 지어진 건축물이다. 나는 그것을 보며 수십 년 전 이탈리아와 그리스 유적지를 찾았을 때의 일을 떠올렸다. 독일의 시인 프리드리히 실러(Friedrich Schiller)의 유명한 말처럼 고대의 폐허가 영원한 "호메로스의 태양" 아래 놓여 있다고 한다면, 이곳은 고대 인도의 시인 발미키(Valmiki)의 태양 아래에 놓여 있다고 할 수 있었다. 나는 세세한 묘사가 돋보이는 아치의 부조 안에 잠기기도 했다가, 형상을 무언가와 동일시하기도 했고, 이야기를 찾아 모으거나 숨은 아름다움을 발굴하기도 했다. 모든 것이 아테네나 로마의 옛 성전에서 띠 모양의 장식과 박공 조각을 관찰할 때와 같았다. 그러나 내게 가장 강렬하게 다가온 인도 예술 경험은 따로 있었다. 델리에 가기 전에는 그 존재조차 몰랐던, 처음에는 그다지 인상적이라고 생각지도 않았던 한 회화 작품을 보고나서부터다.

과정은 이랬다. 내 아내는 우리가 인도에 도착한 직후 부족 박물관에서 연구 관련 업무를 맡게 되었다. 박물관은 델리에서 600 킬로미터 정도 떨어진 인도 중심부의 도시 보팔(Bhopal)이라는 곳에 있었다. 인도에서 오랜 시간 '원시적인 것'으로 치부되던 아디바시(Adivasi) 문화를 보존하기 위해 세워진 박물관이었다. 아디바시는 결코 완전히 사라지지 않은 원주민 부족 공동체를 의미하는 말로, 최근에서야 점차 인도와 인도 국가 유산의 근본이 되는 구성 요소로 인정받기 시작했다. 부족 예술가들, 특히 곤드족(Gond) 출신의 예술가들은 1980년대부터 공동체 안에서 세대를 이어 전해 내려오는 전통적인 전설과 이야기들을 그림으로 남기기 시작했다.

예술가들이 꾸준히 기록으로 남긴 결과, 동화 같은 회화의 세계가 탄생했다. 까마귀와 게가 건국신화의 주인공과 같은 역할을 했다고 믿는 지구의 창조 순간부터, 공작이 장마에 대한 기쁨을 표현하는 과정에서 인간에게 춤을 가르치게 되었다는 신화에 이르기까지, 나무와 동물 그리고 상상의 존재가 가득한 마법의 정원이 생겨났다. 1989년 프랑스 파리 퐁피두센터에서 「지구의 마술사」라는 제목의 전시가 열렸을 때 곤드족의 화가 장가르 싱 샴(Jangarh Singh Shyam)은 이곳에서 처음으로 유럽과 북미 작가들과 동등한 자격으로 초대받았다. 이후 국제 예술계에도 세계화의 바람이 불었는데, 같은 곤드족의 화가 바주 샴(Bhajju Shyam)은 2002

년에 동료 한 명과 함께 런던에 있는 인도 레스토랑 '마살라 존'을 장식하는 데 참여했다. 그 이후 샴은 런던에서의 경험과 그곳에서 받은 인상의 조각들을 모아 『런던정글북』이라는 책에 담았다. 그는 서양의 대도시에서 자신이 경험한 것들을 한 편의 도시 신화로 풀어냈다. 그의 그림에서 지하철은 땅 위의 도로와 집 아래에 숨겨진 길에 사는 뱀처럼 긴 지렁이로 묘사되었다. 전화 통화를 하면서 동시에 담배도 피우고 커피도 마시고 메뉴판도 보는 너무나도 바쁜 한 유럽 여인은 네 개의 팔을 가진 여신으로 그려졌다. 템스강 가에 있는 국회의사당의 시계탑 빅벤(Big Ben)은 수탉으로, 시계는 수탉의 눈으로 표현됐다. 곤드족에게는 해가 뜨면 마을 사람들을 깨우던 수탉이 곧 시계였기 때문이다. 샴은 이렇게 밝혔다. "제 눈에는 빅벤이 쉼 없이 런던 전체를 살펴보고 사람들에게 시간을 알려주는 커다란 눈처럼 보였어요." 러디어드 키플링이 『정글북』으로 인도와 원시림에 관한 전통적인 판타지를 창조했듯이 샴은 시선을 돌리면 서양 세계도 낯설게 바라볼 수 있음을 보여주었다.

아내가 보팔에서 연구 조사를 마치고 델리의 우리 집으로 돌아오던 날, 그의 손에는 바주 샴이 그린 호랑이 그림이 들려 있었다. 그림 속 호랑이는 거꾸로 선 모습이었다. 가장 위쪽에는 꼬리와 뒷다리가 엄숙한 분위기로 묘사되어 있었고, 그 아래쪽에는 털가죽의 붉은 기운이 검은 무늬와 합쳐져 불타오르는 듯한 머리가 거대하게 표현돼 있었다. 매우 훌륭하면서도 무자비한 강렬함을 내뿜는 회화 작품이었다. (아내가 그림을 집 안 어딘가에 걸어두었는데 마침 내가 자주 지나다니지 않는 곳이라 기뻤다.) 샴이 그린 호랑이 그림 앞에만 서면 영국의 낭만주의 시인 윌리엄 블레이크(William Blake)가 1794년에 발표한 시의 첫 구절이 떠올랐다. "컴컴한 어둠 속에서 불타며 빛나는 호랑이, 호랑이여."

호랑이는 곤드족에게 동물원이나 서커스에서 마주하는 동물이 아니다. 그렇다고 해서 어떤 예술적인 모티프도 아니다. 그들에게 호랑이는 두려움을 일으키는 현실 존재이자, 아디바시의 본래 생활 터전인 정글의 지배자이며, 때론 가축이자 때론 생을 앗아갈 만큼 위협이 되는 동물이다. 샴은 그 위험성을 포착했고, 그의 호랑이 그림에 반영되어 예측할 수 없는 위압적인 방식으로 다시 태어났다. 나의 아들 베네딕트가 라이너 페팅의 펠리컨 그림을 '섬뜩하다'고 느꼈을 때와 같은, 사진과 같은 사실적인 재현을 넘어서는 별도의 차원이 더해졌다. 샴 또한 페팅과 같은 종류의 마술을 부린 셈이다.

페팅은 예술대학에서 유럽 회화의 전통을 이어받은 반면, 샴은 가난한 나라에서 (그것도 사회에서 과소평가된 공동체에서) 가내 수공업으로 예술을 배웠다. 하지만 두 사람의 작품이 서로 수천 킬로미터 떨어져 창작되었다는 사실이나, 둘이 서로 다른 배경을 거쳐 예술가의 길을 걷게 되었다는 사실은 여기서 전혀 중요치 않다. 두 작품이 현대미술인지 아니면 전통예술인지도 마찬가지다. 모든 것은 꼬리표나 관용구에 불과하며, 그 누구도 자신의 관심과 선호를 이런 요소에 따라 결정할 필요가 없다. 호기심과 관심을 가지고 예술 작품을 두루 둘러보고 비교하며 설명을 들은 다음에 자신의 취향을 만들어가는 것도 한 방법이다. 결국에 남는 것은 예술사에 관한 지식이나 양식의 구분, 전문가나 비평가의 판단 따위가 아니라 나에게 의미 있고 귀중한 작품이 무엇인지에 관한 문제다. 나의 마음속 미술관에는 라이너 페팅의 펠리칸과 바주샴의 호랑이가 서열과 아름다움의 차이 없이 나란히 걸려 있다.

나는 어린 시절부터 그림과 조각에 재능이 없었다. 시각보다는 청각이 발달한 사람이다. 음악에 대한 사랑과 이해도는 그런대로 괜찮은 편이지만, 시각적인 부문에서는 아무리 애를 써도 재능을 발견할 수가 없었다. 미술 시간에 스케치북에 그림을 그리거나 점토를 반죽할 때면 좌절하기 일쑤였다. 고학년이 되면서 미술이 선택과목으로 빠지자 나는 이 괴로운 수업을 내 시간표에서 당장 없애버렸다. 내가 조형예술에 처음 애정을 갖게 된 시기는 어느 누구도 내가 이 분야에서 눈에 보이는 성과를 낼 것이라고 기대하지 않게 된 이후, 그러니까 고등학교를 졸업할 무렵 이탈리아로 떠난 수학여행에서였다.

로마 테르미니(Termini) 역 앞에는 내가 태어나서 처음 보는 기차역 풍경이 펼쳐져 있었다. 정문을 나서자마자 건너편에는 디오클레티아누스(Diocletianus) 황제의 온천 자리였던 고대 폐허가 나타났고, 그 옆으로는 16세기 미켈란젤로가 지은 화려한 교회가 눈에 들어왔다. 몇 걸음만 더 가면 고전적인 주랑 현관과 비잔틴 양식의 모자이크, 장엄한 바실리카 양식으로 건축한 산타 마리아 마조레 대성당(Basilica di Santa Maria Maggiore)이 등장하며 역사의 바통이 고대에서 중세로 넘어간다. 로마와의 첫 만남에서부터 2000년을 넘나드는 보물과 그 아름다움이 내게 훅 다가왔다. 박물관에서 마주한 게 아니었다. 나와 로마의 보물들 사이로는 왠지 느낌이 좋고 수수께끼 같은 로마인들의 삶이 바삐 흘러가고 있는 듯했다.

우리는 이 영원의 도시에서도 고대 로마의 역사가 시작된 일곱 개의 언덕 가운데 첼리오(Celio) 언덕 위에 있는 한 호스텔에서 묵었다. 정확히 기억나지는 않지만 주소부터가 그림처럼 아름답고 상상력을 자극했던 것 같다. 우리가 꼭 전설적인 땅을 밟고 있는 것처럼 느껴졌으니 말이다. 우리를 안내하던 미술 선생님은 우리에게 큰 도움이 되지는 못했다. 선생님은 우리가 잘 모르는 모든 폐허에 관해

하나하나 설명해 줄 기세였는데, 고등학교 수학여행에서 네로 황제 시절 건축물의 모든 잔해를 다루기는 어려웠다. 우리가 그때 실제로 경험한 것은 그런 것이 아니었다. 정작 우리에게 의미 있었던 것은 우연히 들어선 골목길, 언덕마다 장관이 펼쳐지던 서양의 수석 정원과도 같은 도시 그 자체였다.

19세기 독일 출신의 여행가 빅토어 헨(Victor Hehn)은 로마의 일곱 언덕이 어떻게 해서 끊임없이 밀려드는 여행자들에게 문화와 역사의 파노라마를 만들어내고 있는지 명확히 분석했다. 그는 1879년 이탈리아를 다룬 저서에서 다음과 같이 밝혔다. "과거와 현재의 다양함이 한데 섞이고, 매혹적이면서도 어딘가에 결핍이 있으며, 호화로운 동시에 낡은 데다가, 혼잡하면서도 고독한 로마 건축물의 특성은 이 모든 개별적 특성을 불규칙한 오르내림으로 떠받치는 대지에 의해 그 어디서도 보지 못한 방식으로 더욱 강조된다. 그래서 로마에는 반은 건축물이자, 반은 풍경인 전망 좋은 곳이 셀 수 없이 많다. 탑과 평지, 성벽과 폐허, 실측백나무와 소나무, 수도원과 교회, 황폐해진 산비탈, 여전히 사용되는 다리와 이미 무너진 다리, 물결이 이는 황색 강을 배경으로 지나는 고가 수로, 고대 유물이 점처럼 수놓인 갈색 평원과 푸른 산까지 이 모든 요소가 로마의 전망을 반복해서 구성하지만 항상 다른 방식으로, 또 나란히, 포개어진다."

내가 이탈리아로 수학여행을 떠난 시점은 이 기록이 탄생한 지

100년도 더 지난 시점이었다. 그럼에도 나 또한 헨이 묘사한 것들을 똑같이 보고 느꼈다. 현대 로마의 소음과 매연, 도시의 밀도는 크게 영향을 주지 않았다. 로마는 단순히 바티칸의 「라오콘 군상」이나 미켈란젤로의 「피에타」 같은 예술의 정수를 모아놓은 도시가 아니었다. 로마는 삶과 예술, 예술과 역사의 총체였다.

나는 그 이후에 떠난 이탈리아 여행에서도 회화나 조각 작품을 박물관이 아닌 그 작품이 원래 서 있던 곳이나 처음 만들어진 장소 등에서 보았다. 대성당과 예배당, 베네치아풍 호화 저택이나 토스카나풍 도시 광장 등 작품을 만난 장소는 다양했다. 이곳에서의 예술은 단순한 전시품이 아니라 '이탈리아'라는 거대한 작품을 구성하는 일부였다. 모든 것들은 하나로 연결된 듯 보였다. 로마 보르게세 미술관(Galleria Borghese)에 놓인 바로크 석상이나 미술관 건물을 둘러싼 공원의 소나무, 그 소나무를 주제로 작곡한 오토리노 레스피기(Ottorino Respighi)와 그의 음악, 공원 너머로 보이는 대리석의 도시까지. 이탈리아를 여행한다는 건 끊임없이 많은 사람에게 둘러싸인 하나의 완전하고 아름다운 세계로 이동한다는 의미와 같았다.

한번은 괴테가 이탈리아를 기억하며 남긴 우울한 발언을 두고 할아버지와 대화한 적이 있다. 『젊은 베르테르의 슬픔』이 성공을 거둔 이후 유명 인사가 된 괴테의 위대한 명성은 바이마르(Weimar) 궁정에서도 자자할 정도였는데, 그는 1786년에 갑자기, 어떠한 허락이나 작별 인사도 없이 독일을 떠났다. 이후 1788년까지 그는 예술 감각을 정제하고 자유를 만끽하기 위해 사회를 멀리하며 로마와 나폴리, 시칠리아에서 지냈다. 바이마르로 돌아가고 나서는 대공의 추밀고문관이자 장관, 독일의 대작가로서 바쁜 삶을 살아가며 다시는 이탈리아 땅을 밟지 못했다. 수많은 책무를 수행해 나가며 독일에서 유명인의 삶을 지속하던 그는 1814년이 돼서야 가까운 지인에게 속마음을 털어놓았다. "자네에게는 솔직히 말해도 되겠지. 나는 밀비오 다리(당시 로마를 방문하는 사람이라면 누구나 도시를 드나들 때 건너야 했던 다리)를 건너 이곳 집으로 돌아온 이후로 한 번도 순수하게 행복하다고 느낀 날이 없었어." 나의 할아버지는 냉정한 편이었는데, 괴테의 한탄이 작가의 히스테릭한 과장이자 허세라고 여겼다. 괴테의 끝없는 여성 편력으로 미루어 볼 때, 이탈리아에서 돌아온 이후의 삶도 충분히 즐겼으리라는 이유에서였다. 하지만 나는 괴테가 느꼈을 고통에 대한 할아버지의 냉철한 판단이 고루하고 거의 모욕에 가깝다는 생각이 든다. 이탈리아의 숭고함과 영원히 작별해야 한다면, 나 역시도 여생 내내 똑같은 아픔을 안고 살아갈 테니 말이다.

　이탈리아 예술과 관련해 내게 가장 강렬했던 경험은 고등학교 졸업 시험을 앞두고 「천국의 문」과 처음으로 마주했던 순간이다. 「천국의 문」은 조각가 로렌초 기베르티(Lorenzo Ghiberti)가 1425년부터 1452년까지 장장 27년에 걸쳐 제작한 청동 대문이다. 내가 처음 보앉을 때만 해도 원래 자리인 피렌체 광장의 침례교 세례당에 있었지만, 지금은 박물관에 보관되어 있다. 내 기억으로는 문의 상태가 그다지 좋지 못했다. 매우 어두운 빛을 띠고 있었고 침수로 인한 손상 때문에 복구가 필요했던 몇 개의 판은 그 자리에 없었다. 그래도 나는 그날의 그 순간을 평생 잊지 못하리라는 사실을 직감했다. 나는 그때 예술이 무엇인지 온몸으로 깨달았다.

「천국의 문」은 열 개의 정사각형 판으로 구성되어 있다. 각각의 판 위에는 창세기부터 솔로몬을 방문한 사바 여왕의 이야기까지 구약성서의 내용으로 채워져 있다. 그림을 통해 이야기를 전한다는 건 말로는 참 간단하게 들리지만, 실제로는 그렇지 않다. 그림은 움직이지 않는 정물이지만 이야기는 시간의 흐름에 따라 내용이 변하기 때문이다. 즉, 문학이나 음악, 연극, 영화에는 시간의 흐름을 담을 수 있지만 그림과 조각에서는 그게 어렵다.

하지만 기베르티는 해냈다. 그가 조각한 각각의 판 위에는 하나의 장면이 아니라 성경 속의 여러 이야기가 한꺼번에 담겨 있다. 창세기를 묘사한 판 위에는 제일 앞부분에 아담의 창조와 최초의 남녀가 낙원에서 추방당하는 장면이 넓은 면적으로 두드러지게 조각되어 있으며, 원죄를 행하던 순간과 하느님이 "빛이 있으라!"라고 말했던 순간은 배경에 훨씬 얕게 조각되어 있는 식이다. 사건을 차례로 나타낼 수 없으니 옆으로 나란히 표현하는 방식을 택한 것이다. 기베르티는 그렇게 시간을 공간으로 치환했다. 또한 전체의 이야기를 파노라마 형식으로 담아내면서, 이를 영원한 현재로 바꾸어놓았다.

기베르티의 작품은 '현실적'이지 않다. 즉, 실제의 모방이라고는 볼 수 없다. 그렇다고 해서 그저 판타지의 산물도 아니다. 그의 작품은 그 자체로 하나의 평행 우주이자 자기만의 법칙이 존재하는 세계였다. 동시에 그는 우리 모두가 알고 있던 세계를, 마치 조물주의 손에서 이제 막 탄생한 모습처럼 눈앞에서 펼쳐 보인다. 이전에는 아무도 그 장면을 본 적이 없듯이. 이것이 바로 예술이다.

우리는 기베르티의 강한 개성, 그가 느낀 심적 갈등, 지치지 않고 이어간 탐색과 시도에서 본능적으로 동시대인에게서 느낄 법한 현대인의 특성을 발견한다. 19세기 문화 역사학자 야코프 부르크하르트는 르네상스와 인본주의가 이뤄낸 역사적인 성과를 이 한 문장으로 요약했다. "세계와 인간의 발견."

인본주의와 현대적 경향, 새로운 지평선에 관한 지식은 책에서도 얻을 수 있다. 하지만 기베르티의 청동문은 고유하며 인간처럼 개성을 지녔다. 어떠한 것도 이 작품을 직접 마주하는 순간을 대체하지 못한다. 예술 작품은 어떤 증거나 추상적인 진실을 담기 위한 삽화 그 이상의 의미를 지닌다. 작품의 창작자, 제작한 시대, 작가의 세계관, 작품에 쓰인 기술과 그 이전의 양식, 동시대 사람들의 양식을 알면 예술을 이해하는 데 도움은 된다. 하지만 결국 이 모든 정보를 잊어버리고 다시 새로운 눈을 뜨고 작품을 바라봐야 한다. 모든 해석과 설명을 걷어 낸 그곳에서 비교할 수도 설명할 수도 없는, 신비와 기적이 있다는 사실을 인정하고 즐겨야 한다.

피렌체 세례당의 출입문에 「천국의 문」이라 이름 붙인 사람은 미켈란젤로다. 우리에게는 「천지창조」라는 이름으로 더 잘 알려진 시스티나 성당의 천장화를 그린 장본인이다. 그는 하루 18시간씩 최소한의 물과 음식으로 버티며 「천지창조」를 4년 만에 완성했다. 20미터 높이의 천장에 매달려 목과 머리를 젖힌 채, 얼굴로 떨어지는 회반죽을 피해가며 그야말로 온 몸을 바쳐 프레스코 벽화를 완성했다. 그런 그가 기베르티의 작품을 보고 "이 문은 충분히 천국의 문이 될 수 있겠구나"라는 말을 남겼다고 한다. 정말 딱 맞는 표현이 아닐 수 없다.

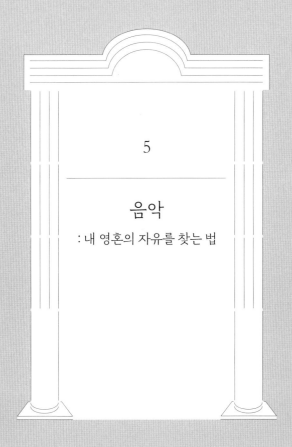

5

음악

: 내 영혼의 자유를 찾는 법

"적당한 정도의 공연만이 나를 구할 것이오!

완벽히 좋은 공연은 사람들을 미치게 만들 테고."

音울한 좌절감이 스스로를 집어삼킬 때면, 나는 유튜브에서 플래시몹(Flash Mob) 영상을 찾아본다. 영상을 보면 어느 혼잡한 쇼핑몰이나 기차역 한가운데서 갑자기 누군가가 튀어나와 노래를 부르거나 악기를 연주한다. 그러다가 점점 더 많은 연주자들이 추가로 모여들거나 군중 속에서 등장하고(즉흥 공연처럼 보이지만 사전에 꼼꼼하게 계획하고 연출한 장면이다) 지나가던 사람들이 멈춰 서서 이 장면을 각자의 스마트폰으로 촬영한다. 아이들은 부모의 어깨 위에 올라 눈을 동그랗게 뜨고 그 장관을 구경한다. 평범한 일상의 한 장면이 베토벤(Beethoven)의 「환희의 송가」나 헨델(Händel)의 「할렐루야」 합창과 만나면 놀라운 축제나 예배의 순간으로 바뀐다. 이 즉흥적인 거리의 예술가들 위로 마치 대성당의 둥근 천장이 덮이는 듯하다.

플래시몹 영상에서 가장 감동적인 건 다름 아닌 영상 아래에 달린 댓글들이다. 영상을 보면서 눈물이 뺨을 타고 흘렀다는 댓글도 있고, 이처럼 경계를 무너뜨리고 화해의 분위기를 형성하는 천상의 음악만 있다면 지구상에는 전쟁이 없으리라는 댓글도 보인다. 인류가 지닌 약점과 그동안 저지른 모든 범죄에도 숭고하고 아름다운 작품을 만들어낸 공연자들에게 자부심을 느껴도 되겠다는 응원의 댓글도 있다. 과거의 어떤 이상주의적인 휴머니스트도 여기에 댓글을 남긴 이 시대 유튜브 관객들만큼이나 예술이 지닌 교화와 구원의 힘에 대하여 이토록 감칠맛 나게 칭찬하지는 못했을 것이다.

댓글을 남긴 사람들 가운데는 베토벤, 헨델, 모차르트, 바흐(Bach)를 잘 모르는 사람도 많다. 그들은 자신이 감명한 작품을 '노래'라고 표현하기도 하는데, 클래식 공연에 정통한 사람이라면 「환희의 송가」가 교향악의 마지막 악장임을, 「할렐루야」가 오라토리오(17~18세기에 가장 성행했던 대규모 종교적 극음악)의 합창임을 알기에 쓰지 않았을 표현이다. 연주자들의 곡 해석 능력에 대해서 이야기하는 경우도 드물다. 현악기의 연주 박자가 정확했는지, 솔리스트가 목소리에 과도하게 바이브레이션을 주지 않았는지를 두고 고심하지 않는다. 온라인 관객들이 영상 속 음악에 호평을 쏟아내는 이유는, 연주에 담긴 열정이 사람들의 영혼을 울리고 모든 종류의 제약을 뛰어넘게 하는 강력한 효과를 일으켰기 때문이다.

한편 클래식 음악은 '신비의 학문'이 되어가고 있다. 예전에는 평범한 사람들도 피아노나 바이올린, 가창 레슨을 받는 일이 흔했지만, 이제는 점점 보기 드문 일이 되었다. 널리 알려진 스타 연주자가 아니고서야 나이 든 관객들만이 객석을 채울 뿐이다. 그러나 수백 년 된 곡 자체는 오늘날에도 지치지 않는 생명력으로 종종 마법 같은 잠재력을 발휘한다. 클래식 음악은 유럽에서 가장 인기 있는 문화 수출품 가운데 하나이고, 유럽의 음악학교에는 한국과 일본, 중국 학생들로 가득하다. 더 이상 클래식 음악이 중요하지 않다면, 그저 죽어가는 예술일 뿐이라면 그들이 그 어마어마한 돈을 부담하면서 자신의 예술적 기량을 향상시키기 위해 노력하지는 않을 것이다.

클래식 걸작의 영향력은 대중문화, 특히 유명한 영화의 배경음악으로 만날 수 있다. 바흐가 작곡한 「마태 수난곡」의 마지막 합창곡 「우리는 눈물에 젖어 무릎을 꿇고」는 마틴 스코세이지(Martin Scorsese)의 영화 「카지노」에서 배우 로버트 드니로(Robert De Niro)가 자동차와 함께 불구덩이 속으로 던져지는 오프닝 장면을 화려하게 장식한다. 리하르트 슈트라우스(Richard Strauss)의 교향시 「차라투스트라는 이렇게 말했다」에서 오케스트라 연주로 과장스럽게 표현되는 일출은 스탠리 큐브릭의 영화 「2001 스페이스 오디세이」에서 감독의 메시지를 효과적으로 드러내기 위해 사용되었다. 가장 유명한 예시는 아마도 리하르트 바그너(Richard Wagner)가 작곡한 「발퀴레의 기행」이 아닐까 싶다. 이 작품은 영화 「지옥의 묵시록」에서 미군의 전투 헬기가 베트남 숲속 마을을 공격할 때 배경음악으로 사용되었다. 워낙 대단한 오라와 무게를 지닌 곡이었기에 극적인 효과는 대단했다. 그것은 고전에서 느껴지는, 누구도 부정할 수 없는 화려함과 품위였다. 동시에 음악은 관객이 정신을 차릴 수 없도록 혼을 쏙 빼놓았다.

미리 밝혀두자면 나는 이번 장에서 재즈나 록, 팝이 아닌 이른바 클래식 음악을 주로 다룰 예정이다. 나 역시 비틀스의 음악이 바흐나 바그너의 음악처럼 인류의 문화유산이라는 데에는 이견을 덧붙일 생각이 없다. 나의 플레이리스트에도 밥 말리(Bob Marley)의 「리뎀션 송(Redemption Song)」이나 도어스(Doors)의 「디엔드(The End)」, 데이비드 보위(David Bowie)의 일부 곡이 수록돼 있다. 하지만 나는 클래식 음악을 통해 음악이 누군가의 인생에 영향을 미치기도 한다는 걸 깨달았다. 그래서 클래식 음악을 예로 들어 설명할 수밖에 없다는 점을 미리 양해해 주길 바란다. 가치 판단을 하자는 게 아니라 그저 나의 이야기를 전할 뿐이다. 내가

'나의 음악'을 통해 경험한 것들을 독자들도 '독자들의 음악'에서 발견하게 될 것이다. 푸치니(Puccini)를 좋아하든 펑크를 좋아하든 달라질 것은 없다.

음악은 거리를 두고 접하는 다른 예술보다 우리의 영혼을 더 깊고 단단하게 울린다. 미술관에 전시된 작품 앞에서나 소설 속의 사건을 머리로 따라가다 보면 어느새 우리는 객관적인 태도로 관찰자의 시점에 서게 된다. 하지만 귓가에 때려 박히는 음악은 실제를 오롯이 느끼게 한다. 음악을 듣는다는 것은 산이나 바다를 묘사한 그림을 바라보는 것이 아니라, 산이나 바다를 직접 만나는 것과 같다. 대상을 마주 보는 것이 아니라 그 한가운데 서게 된다. 고대 그리스인들은 이미 옛날부터 그 강렬한 효과를 제대로 알았다. 그리스 신화에서 악사이자 가수인 오르페우스는 사랑하는 아내 에우리디케가 죽자 그녀를 따라 지하 세계로 내려간다. 그곳에서 오르페우스는 자신의 목소리와 리라 연주로 저승의 신들을 매혹시킨 뒤 그들에게서 아내를 다시 이승으로 데려가도 좋다는 허락을 받는다. (하지만 결국은 신들이 내린 금기를 어겨 아내를 다시 빼앗기고 만다.)

　　음악의 힘을 잘 나타내는 고대 그리스의 예시는 또 있다. 호메로스의『오디세이아』에 등장하는 세이렌의 이야기다. 세이렌은 매우 아름답지만 치명적인 마력을 가진 여신이다. 에게해 섬에 근거지를 둔 이 여신 앞을 지날 때면 선원들은 저항하기 어려운 매력에 이끌려 위험한 섬으로 끌려 들어간다. 그리고 최후에는 그곳에서 비참한 죽음을 맞이한다. 트로이 전쟁이 끝나고 고향으로 돌아가던 오디세우스도 세이렌의 앞을 지나야만 했다. 잔꾀가 많았던 그는 미리 뱃사공의 귀를 막아두고, 자신의 몸은 돛대에 묶은 채 그녀의 음악을 즐겼다고 한다. 오디세우스는 잠깐 세이렌의 노래에 취해 뭍으로 가자고 애원했지만, 귀를 막은 뱃사공 덕분에 안전한 곳까지 무사히 갈 수 있었다. 그리스인들은 오르페우스 신화와 세이렌의 이야기를 통해 음악이 지닌 양면성을 표현했다. 음악에는 천상의 요소와 악마적인 요소가 있다. 음악은 인간을 구원하고 행복감을 주는 원천이지만, 한편으로는 자기 파멸과 통제 불능의 위험을 지녔다.

음악의 어두운 면을 이야기할 때면 빠지지 않는 인물이 있다. 교향곡이나 오페라를 즐겨 듣는 사람이 아니더라도 바그너를 둘러싸고 한 세기 반 동안이나 이어진 끝없는 논쟁은 한 번쯤 들어봤을 법하다. 바그너는 한쪽에선 존경받는 인물이지만 다른 한쪽에선 경멸의 시선으로 쏘아보는 인물이다. 구태여 바그너를 들추며 거부감을 일으키고 싶지는 않지만, 음악을 논하면서 그의 이야기를 아주

삶의 기쁨은 어디에서 오는가

배제할 순 없다. 비단 개인적인 경험(이 부분에 관해서는 조금 뒤에 더 자세히 다루겠다) 때문만이 아니라 바그너에 대한 견해가 양극단으로 나뉘는 것이야말로 이 책에서 내가 이야기하려는 주제와 맞닿아 있기 때문이다. 바그너를 두고 벌어지는 논쟁은 섬뜩하고 불합리하며 때로는 윤리적으로 용납하기 힘들지만, 그는 음악의 본질적인 속성인 대립성을 상징적으로 보여주는 인물이다.

1813년에 태어나 1883년에 세상을 떠난 리하르트 바그너는 작곡가로서 거의 마술사나 구루와도 같은 존재다. 과장을 조금 보태자면 그는 지지자들에게 거의 종교에 가까운 깨달음을 주는 인물이다. 조금 순화해서 말하면 누구보다 정교하게 미학적이고 감정적인 음악을 표현하는 사람이자 누구와도 견줄 수 없는 섬세한 작곡가다. 하지만 바그너에게 반감을 가진 사람들은 그를 견디기 어려운 음악을 탄생시킨 정신적 선동자, 거친 선정주의자로 취급한다. 행복감을 주는 오르페우스의 음악과, 듣는 이를 죽음에 이르게 하는 세이렌의 음악에서 드러난 이중성이 인격화된 형태가 바로 바그너다.

예술가의 생애를 다룬 그 어떤 소설도 그의 실제 생애와 경력보다 더 인상 깊지는 못할 것이다. 바그너는 지배 계층으로부터 미움을 받으면서 삶의 첫 발을 내디딘다. 그는 항상 세상으로부터 자신의 진가를 인정받지 못하며 업신여김을 당한다고 느꼈다. 반면 유태인 출신의 작곡가 자코모 마이어베어(Giacomo Meyerbeer)는 동시대인들에게 이름을 날렸다. 바그너는 마이어베어를 질투했고, 이는 그가 평생에 걸쳐 보였던 악의적인 반유태주의 성향의 원인이 되기도 했다. 바그너는 1848년과 1849년에 독일 드레스덴(Dresden)에서 벌어진 반정부 혁명의 선전원으로 참여했다. 중간에는 심지어 거리에서 벌어진 시위에도 가담하여 훗날 스위스로 망명을 떠나야 했다. 이러한 경험 때문에 그는 오히려 사치를 부리고 지도층에게 더 강하게 끌렸을지도 모른다. 바그너는 바이에른 왕국의 낭만주의 국왕 루트비히 2세의 거리낌 없는 총애를 받았다. 뮌헨의 장관들은 그가 파멸을 야기할 정도로 위험한 부랑자이고 군주의 교사자라는 이유로 그를 혐오하며 권력의 자리에서 끌어내리려고 했지만, 바그너는 이런 오해나 불편한 상황도 관대하게 견뎠다.

바그너는 마침내 오로지 자신의 천재성에 기반을 둔 오페라 축제 '바이로이트 음악제(Bayreuther Festspiele)'를 창설하기에 이른다. 이 축제는 지금까지 중부 유럽의 귀족 출신 부르주아들 사이에서 주요한 여름 이벤트로 꼽힌다. 토마스 만이 1933년에 서술한바 "위대한 예술은 한 번도 바그너의 음악 극장이 '달성'한 엄청난 성공을 가져보지 못했다. 거장이 타계한 지 50년이 지난 지금까지도 지구에는 매일 저녁 그의 음악이 울려 퍼진다."

한편 나의 부모님은 바그너를 진심으로 멸시했다. 우리 집에서 바그너는 청자의 감정을 조종하는 조야한 폭격기로 통했다. 바그너의 음악을 이야기할 때면 "숭고한 소음"이라는 표현도 인용되었는데, 이 또한 토마스 만의 표현을 빌린 것이다. 토마스 만은 바그너를 뛰어난 예술가라고 생각했고 팬으로서 그의 음악 세계에 푹 빠졌다. 하지만 동시에 그 특유의 미적 허황됨과 의심스럽게 과장되고 포장된 그의 위대함을 날카롭게 바라볼 줄도 알았다. 오늘날까지도 내 어머니는 오페라 「신들의 황혼」에서 살해된 영웅 지그프리트의 시신을 화형장으로 보낼 때 흘러나오는 잔인하도록 장엄한 장송행진곡을 들으면 "마치 파시즘(제1차 세계대전 후에 나타난 극단적인 전체주의적·배외적 정치 이념)에 음을 붙여놓은 듯한 연주처럼 소름이 끼친다"라고 말한다. 이 음악은 코폴라 감독이 「지옥의 묵시록」에서 활용한 「발퀴레의 기행」과 같은 잔혹함을 발산한다. 청자의 복종과 무조건적인 항복을 이끌어낼 목적으로, 오케스트라의 악기들이 마치 무기처럼 관중의 내면에 굉음과 채찍 소리를 쏘아댄다. 아돌프 히틀러(Adolf Hitler)가 가장 좋아한 작곡가가 바그너였다는 데는 다 이유가 있다.

상황이 이렇다 보니 우리 가족이 다 함께 함부르크 오페라극장(Hamburgische Staatsoper)에서 바그너의 1859년도 작품 「트리스탄과 이졸데」를 관람한 것은 매우 이례적인 일이었다. (바그너는 비극적인 사랑 이야기를 담은 이 작품을 완성할 때까지만 해도 드레스덴 혁명의 실패로 여전히 스위스에 망명하고 있었다.) 「트리스탄과 이졸데」는 셰익스피어의 『로미오와 줄리엣』처럼 금지된 사랑과 그 열정의 파멸을 다룬 작품이다. 기사 트리스탄은 나이 든 마르케 왕이 신부로 맞이하는 젊고 아름다운 이졸데와 무분별한 사랑에 빠진다. 그것은 트리스탄 자신의 의지와 이성에도 거스르는 일이었고, 사회적 의무와 도덕을 완전히 저버린, 모든 현실의 요소를 외면하는 사랑이었다. 바그너는 자신이 무대 위로 옮겨놓은 격정적인 사랑이 마침내 치닫는 파괴적인 결말을 다음과 같이 묘사한다. "사랑의 그리움, 갈망, 희열, 슬픔은 끝나지 않았다. 이 세상, 권력, 평판, 호화로움, 명예, 기사도, 신의, 우정, 이 모든 것은 공허한 꿈처럼 되어버리고, 오직 한 가지만 남았다. 그리움, 그리움, 멈추지 않고 끝없이 새로 생겨나는 열망. 이 갈망과 갈구를 구원할 유일한 것은 죽음, 영면, 가라앉는 것, 영원히 깨어나지 않는 것!"

사랑과 죽음, 에로스와 타나토스의 관계는 프로이트에 이르는 정신사와 문화사에서 신성시하는 주제다. 「트리스탄과 이졸데」에서 바그너는 성적 흥분을 극적인 음악으로 해소하면서 이 모티프를 극단적이고 황홀한 경지에까지 끌어올렸다. 오케스트라의 전주곡이 오르가슴에 도달하는 동안 작품은 이졸데의 「사랑의 죽음」으로 끝이 난다. 반은 물질적이고, 반은 신비로운 자신을 포기함으로써 끝없는 무의 세계로 빠져든다. "무의식의, 더없는 열락이여!"

바그너는 이 모든 내용을 (바로크 시대 이후로 유럽 작곡 예술의 토대가 되어준) 잘 정돈되고 조화로운 음율의 세계와는 다소 거리가 먼 음악에 담았다. 이 작품은 독특하게 미끄러지는 이해할 수 없는 특색을 지녔으며, 거슬리는 반음과 고통스러운 불협화음으로 가득하다. 바그너는 어느 곳에서도 멈출 줄 모르며 만족을 모르고 청자에게도 만족하기를 허락하지 않는 그만의 음악적 표현을 탄생시켰다. 작곡가는 정제된 소리의 조각을 제공하나, 듣는 이들은 이를 통해 더 허기질 뿐이다. 바그너 스스로도 자신에게 가장 큰 성과는 한 음에서 중단 없이 (아마도 완전히 반대되는) 다음 음으로 넘어가고, 그 과정을 우유부단한 관중이 함께하게 만드는 '이행의 예술'이라고 보았다. 자부심과 놀라움이 섞인 감정 속에서 바그너도 자신의 음악이 듣는 사람들의 신경을 쇠약하게 하는 예사롭지 않은 힘을 지녔다는 사실을 알고 있었다. 그는 「트리스탄과 이졸데」를 작업하며 당시 연인이었던 마틸데 베젠동크(Mathilde Wesendonck)에게 이런 편지를 보낸다. "내 생각에 이 오페라는 작품 전체가 개작이 돼서 질 낮은 공연이 되지 않는 한, 금지당하게 될 듯하오. 적당한 정도의 공연만이 나를 구할 것이오! 완벽히 좋은 공연은 사람들을 미치게 만들 테고."

부모님과 함께 관람한 「트리스탄과 이졸데」 공연은 어쩌면 '완벽히 좋은' 공연은 아니었을지 모른다. 그러나 나를 꽤 미치게 만들기에는 충분했다. 나는 그 공연을 보고 혼이 쏙 빠졌다. 공연을 관람한 다음 날, 반은 환희에 들뜨고 반은 멍하게 취한 상태로 등교하여 하루를 겨우 버텼던 기억이 난다. 그때까지 나는 내 감정 세계를 그토록 직접적으로 공격하는 예술은 한 번도 접해본 적이 없었다. 오케스트라 단원들이 마치 악기가 아니라 나의 신경을 직접 연주하는 느낌이었다. 굳이 다른 비유를 찾아보자면 내 정맥에 음악을 주사한 듯했다. 그렇다. 바그너는 '미학의 마약상'이었다.

이때의 경험을 계기로 나는 바그너파에 속했지만 동시에 아니기도 했다. 나는 바그너가 인간적으로 어떤 괴물이었는지, 또 음악적으로는 어떤 술수를 썼는지 잊지 않았다. 바그너를 둘러싼 경험은 최근의 각종 '미투 사태'를 통해서도 드러난 위대한 예술가의 양면성, 즉 천재가 괴물일 수도 있고 괴물이 천재일 수도 있음을 끊임없이 상기시켰다. 그리고 나는 이 괴로운 역설에서 영원히 벗어날 수 없음을 바그너를 통해 깨달았다.

하지만 무엇보다 분명히 알게 된 사실은, 음악이 아름답거나 감동적이기만 한 것이 아니라 흥미로울 수도 있다는 점이다. 음악도 논쟁의 소재가 될 수 있고 싸움의 원인이 될 수도 있다. 비언어적이면서 어찌 보면 반언어적인 특성에도 불구하고 우리는 음악을 주제로 즐거운 대화를 나눌 수 있다. 음악도 역사의 한 획을 그을 수 있으며 지성으로서 의미를 가질 수 있다는 사실은 매우 흥미로웠다. 즉, 음악은 그저 듣는 것에서 그치지 않고 생각할 거리를 수없이 던져준다는 사실을 깨달았다. 이런 점이 음악에 접근하는 것을 더 복잡하고 어렵게 만드는 것처럼 들리기도 하지만, 실은 그 반대다. 이는 비전문가인 우리에게 수수께끼와도 같은 음악의 내부로 들어가게 하는 옆길을 열어준다. 음악의 '비음악적 요소'를 통해서, 음악으로부터 충분히 무언가를 얻고 만족감을 얻을 수 있다.

❖ ❖ ❖

음악을 가장 기발하고 광범위한 방식으로 해석한 이는 아르투어 쇼펜하우어(Arthur Schopenhauer)다. 그는 바그너가 가장 좋아하는 철학자이자 바그너에게 영감을 주는 존재였다. 쇼펜하우어 철학은 실제를 지배하는 원칙, 존재의 핵심은 '의지'라는 생각에 기반을 둔다. 여기서 말하는 의지는 심리학에서 말하는 개인의 의지가 아니다. 무생물에서부터 인간의 의식과 행동을 통틀어 온 우주를 꿰뚫고 지배하는, 지치지도 않고 충족되지도 않는 어떤 갈망의 에너지를 의미한다. (앞서 바그너는 작품에서 "멈추지 않고 끝없이 새로 생겨나는 열망"을 이야기했다. 이런 이미지와 생각은 쇼펜하우어에게 직접적인 영향을 받은 결과다.) 쇼펜하우어에게 음악이란 세상의 의지가 어떤 형태를 빌려 표현되고 재현된 것이었다. 다른 예술처럼 실재하는 무언가를 표현하는 것이 아니라 실재에 내재된 본성, 그 공식과 비밀을 반영한 예술이 바로 음악이었다.

쇼펜하우어는 베토벤의 교향곡을 두고, "겉으로는 혼란스럽지만 그 바탕은 완벽하게 조화롭다. 그의 교향곡은 얼마 안 가서 아름다운 조화로 끝을 맺는 격렬한 투쟁을 그린다. 이는 셀 수 없이 많은 사물이 혼란 속에서 생멸하고 끊임없이 공간을 넘나드는 세계의 본질을 충실하고 완전하게 묘사한다"라고 설명했다. 동시에 그러한 작품은 인간의 모든 열정과 감정을 드러낸다고 서술했다. 기쁨, 슬픔, 사랑, 증오, 공포, 희망 등을 풍부한 뉘앙스로 표현한다는 것이다. 그러나 이것은 한 개인의 특정한 경험이나 구체적인 경우에 국한되지 않고, 오직 본능적이고 정신적인 요소로서 순수한 형태를 나타낸다. 음악은 현실의 기본 구조를 투명하게 만들면서 창조의 작업실을 엿보게 해주는 셈이다.

쇼펜하우어의 이론은 꽤나 난해하고 도발적으로 들리지만, 내 경험에 기대어 말하자면 그의 해석은 클래식 음악을 감상하는 데 실제로 많은 도움이 된다. 우리가 특히 자주 듣게 되는 작품들은 하이든(Haydn)과 모차르트로 시작해 베토벤과 슈베르트(Schubert), 브람스(Brahms), 브루크너(Bruckner)를 거쳐 말러(Mahler)와 쇼스타코비치(Shostakovich)에 이르기까지, 대략 18세기 후반부터 20세기 초반까지 작곡된 기악이다. 일부는 오케스트라, 다른 일부는 실내악을 위한 작품일 것이다. 작곡의 기술과 역사에 관해서는 할 이야기가 매우 많고 이를 세세하게 이해하려면 많은 공부와 연구가 필요하지만,

삶의 기쁨은 어디에서 오는가

음악을 머리와 마음으로 즐기는 데는 그 모든 과정이 반드시 필요한 것은 아니다. 쇼펜하우어가 이야기한 음악만이 가진 특별하고 고유한 특성을 수용한다면, 아무런 지식이 없어도 음악을 감각적으로 이해하고 즐길 수 있다.

오페라가 기이하고 인위적이라는 오명을 얻게 된 이유를 이해하는 건 어렵지 않다. 등장인물들이 무대에 나와 손짓 한 번, 발짓 한 번에 구구절절 상황을 설명하며 가창하는 모습, 그러니까 서로를 향해 끝없는 사랑의 멜로디를 부르며 애타는 마음으로 한참을 바라보다가 키스를 하거나, 복수의 계획을 분노에 찬 독백으로 몇 분에 걸쳐 관중에게 설명한 뒤 검을 뽑아 실행에 옮기는 모습, 이런 것들은 실제 상황과 너무나도 동떨어져 있다. 자신의 감정에 솔직한 관객에게는 자칫 모든 것이 우습게 보이기도 한다. 아마 오페라만큼 부자연스럽고 시대착오적인 예술 장르도 없으리라는 생각도 든다.

그러나 오페라에 기이한 면만 있는 것은 아니다. 오페라는 인간이 강하게 자기표현을 하고자 할 때, 실제로 음악이 가장 쉬운 도구임을 깨닫게 한다. 사랑하는 연인이라면 시대를 막론하고 직접 쓴 노래 가사를 서로에게 불러주는 건 우연이 아니다. 신자들이 성가를 연주하거나 나라에서 애국가를 통해 애국심을 고취하는 것, 군인들이 행진곡과 군가를 부르며 전장으로 나가는 것 또한 이와 관련이 있다. 음악은 언어의 향상된 형태이자, 언어만으로는 부족한 상황에서 정신적으로 중요한 그 무언가를 표현하는 수단이다. 끄집어낼 순 없지만 가장 중요하고 어쩌면 유일하기도 한 무언가가 우리 안에 그리고 세상에 갇혀 있을 때, 입 밖으로 노래를 꺼내어 부르기 시작하면 그것은 '존재하게' 된다.

이러한 사실이 잘 드러나는 순간이야말로 오페라에서 가장 가치 있고 인상 깊은 순간이다. 어느 성악가의 화려한 기예보다 그런 장면이 더 오래 기억에 남는다. 용서와 자비의 원초적인 상황을 담은 장면을 예로 들어보자. 괴테가 1787년에 쓴 희곡 「타우리스의 이피게네이아」는 독일 고전문학에서 중요한 작품 중의 하나로 손꼽힌다. 특히 마지막 장면, 관대하고 감명 깊은 화해의 장면으로 끝이 나는 게 인상적이다. 그리스 왕의 딸 이피게네이아는 야만적인 섬나라 타우리스에 붙잡혀 사제가 되고 원치 않은 봉사를 강요당한다. 그러던 어느 날 그녀의 남동생과 친구가 그녀를 구하러 오는데, 탈출할 준비는 계획대로 잘 이루어지지만 이피게네이아의 순수한 영혼은 탈출 계획에서 꼭 필요한 거짓말과 기만의 술책을 견디지 못한다. 그녀는 도덕적인 탈출을 하겠다고 결심한 뒤 야만족의 왕 토아스에게 모든 사실을 털어놓는다.

괴테는 다음 두 장면을 통해 인간성의 기적을 보여준다. 그러면서 이 작품을 인간 존재에 대한 이상적인 믿음을 담은 대표 사례로 탄생시켰다. 토아스 왕은 모든 자초지종을 듣고 이피게네이아와 그리스에서 온 일행을 연행하지 않기로 한다. 그러나 언짢은 기색을 내비치며 거친 명령조로 이렇게 외친다. "그럼 가거라!" (그가 그동안 당해온 기만과 조롱을 감안하면 충분히 이해할 만한 반응이다.) 이 정도의 반응을 보이며 떠나게 해준 것만으로도 놀라운 일이지만, 이피게네이아는 여기서 만족하지 않는다. 그녀가 상상한 행복한 결말은 단순한 해방으로 충족할 수 있는 것이 아니었다. 그녀는 여기에 더해 용서와 우정을 바란다. "그렇게는 안 됩니다, 왕이시여! 축복도 없이, 적의와 반감이 가득한 채로 당신을 떠나지는 않겠습니다." 스물세 개의 행으로 이루어진 애원과 간청을 통해 그녀는 토아스 왕에게 호의적인 제스처와 화해를 구한다. 이것이 바로 괴테가 보여주는 두 번째 기적이다. 이피게네이아의 애원을 들은 토아스는 자신이 내뱉은 혹독하고 강한 명령문 "그럼 가거라!"를 다른 인사말로 대체한다. "잘 가시오!" 작품은 토아스의 인사와 함께 막을 내린다.

일상에서 생각 없이 사용하는 상투적인 인사말은, 마지막 장면에서 마치 집념의 극복과 인품을 증명하는 증서처럼 엄청난 무게와 대단한 가치를 가진다. 괴테는 상대의 안녕을 바라는 이 원초적인 표현의 의미에 신선한 힘을 부여했다. 오스트리아의 천재적 언어학자이자 평론가인 카를 크라우스(Karl Kraus)는 이 작품의 마지막 장면을 두고 1910년에 다음과 같이 서술했다. "마치 지구상에서 처음으로 작별 인사가 이루어진 듯했다."

여기까지가 문학 작품의 능력이다. 그리고 음악은 좀 더 많은 것을 할 수 있다.

1786년에 초연한 모차르트 오페라 「피가로의 결혼」은 괴테의 「타우리스의 이피게네이아」와 꽤 비슷한 시기에 쓰였으며 마찬가지로 용서와 화해를 다루고 있다. 「피가로의 결혼」은 알마비바 백작의 이야기를 담고 있다. 알마비바 백작은 봉건시대 귀족의 특권인 초야권(Ius primae Noctis, '첫날 밤에 대한 권리'를 뜻하는 단어로 결혼을 앞둔 농노의 딸을 영주가 취할 수 있는 권리)을 부활시키겠다며, 아내의 시중을 드는 몸종이자 피가로의 신부가 될 수산나와 잠자리를 갖고자 한다. 하지만 제아무리 백작이라고 해도 뭐든지 마음대로 할 수 있는 시대가 아니었다. 그런 백작이 스스로 원하는 바를 얻기 위해 헤매는 과정은 꼬일 대로 꼬여버리고, 알마비바 백작은 마지막 장면에서 결국 자신의 아내가 피가로와 바람을 피웠다고 착각하게 된다. 자신이 옳다고 굳게 믿었던 백작은 크게 분노했다. 관대한 처분을 바라는 모든 간청을 거부하고 복수를 맹세했고, 마지막 전환점에 가서야 자신이 속았다는 사실과 함께 진실을 깨닫는다. 아내의 배반은 사실 거짓이었고, 진짜 신의를 저버린 사람은 수산나의 뒤를 쫓던 백작이었다. 그는 자신의 아내와 성 안의 사람들 앞에서 스스로의 저열함을 그대로 들키고 만다. 알마비바 백작은 한순간에 배반자가 되어 명예를 잃고 웃음거리로 전락한다.

어찌 보면 거의 평범하다고 할 수 있는 이 희극 작품 속 장면을 통해, 모차르트는 인간성의 기적을 보여준다. 이는 언어만으로 전달할 수 없는 것이다. 망연자실한 침묵 속에서 (조금 전까지만 해도 목소리와 악기가 흥분된 소란과 활기 없는 당혹스러움을 표현했지만) 백작은 아내에게 용서를 구한다. "부인, 용서해 주오." 곧바로 휴지부(休止符)가 뒤따르고 더 긴 침묵이 이어진다. 그리고 이내 백작 부인은 그를 용서한다. 하늘에서 하강하는 비둘기처럼 날개를 퍼덕이며 소프라노의 높은 목소리가 음계를 내려오기 직전에, 조금 더 올랐다가 마치 용서받을 자격이 없는 죄인의 머리 위에 음악으로 은총을 내리듯 결국 그를 용서하는 것이다.

청자들을 숨죽이게 하는 그 순간, 모차르트는 용서라는 행위의 형체를 다시 한번 음악을 통해 구체화한다. '용서'의 증인들, 즉 무대 위의 나머지 인물들이 백작 부인의 목소리에 선율을 보태며 찬가와 같은 노래를 부르기 시작한다. 이 부분은 간혹 찬송가의 성격을 띤다고 묘사되기도 하지만, 그것은 지나치게 경건한 표현이다. 그보다는 사건이 기적처럼 전환되고 부인의 당당한 정신적 위엄이 주는 충격의 여파로 무아지경에 빠진 듯한 느낌을 전하는 데 더 가깝다. 성악가들은 잠시 동안 거의 마비된 상태로 헤쳐 나가기 어려운 행복의 안개 속을 더듬거리다가 축제의 분위기 쪽으로 가닥을 잡고는 힘 있게 소리를 밀고 나간다. 오페라는 앞서 나타난 감정의 혼란 속에 여전히 남아 있을지 모르는 양가성을 오케스트라와 앙상블의 가차 없는 질주 속에 던져버린다. 그러고는 우스꽝스럽게 가속화하는 환호성과 함께 막을 내린다.

괴테는 모차르트와 마찬가지로 위대한 예술가다. 그러나 나는 「피가로의 결혼」 마지막 장면을 보며 문학보다 음악이 더 위대한 예술이라는 생각을 지울 수 없었다. 자비의 순간은 연극보다 오페라에서 더 다양한 차원으로 그려지며 더 풍부하고 실질적으로 다가온다. 마치 제한과 구속, 훼방 아래 갇혀 있던 언어가 비로소 음악과 만나 자유를 얻는 느낌이랄까.

다양한 방식으로 연출한 「피가로의 결혼」 마지막 장면은 유튜브에서도 감상할 수 있다. 이 작품을 플래시몹으로 공연하기는 어려울 테지만, 그 영상을 보게 되는 이라면 누구나 인류에 대한 믿음을 재발견하는 걸작을 만났다고 평가하게 될 것이다.

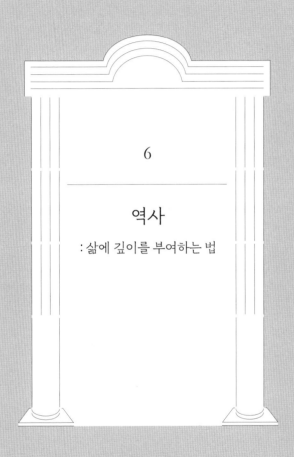

6

역사

: 삶에 깊이를 부여하는 법

"역사는

과거가 우리를 홀로 두지 않으며

우리 또한 미래를 홀로 두어서는 안 된다는 사실을 상기시킨다."

도로테엔슈타트 공동묘지(Dorotheenstädtische Friedhof)는 독일 베를린에서 내가 가장 좋아하는 장소다. 주말이면 여행자와 현지인들이 나들이하러 찾는 미테(Mitte) 지역에서 작가 베르톨트 브레히트(Bertolt Brecht)가 1953년부터 3년간 살았던 주택의 방화벽을 따라 자갈길을 몇 걸음 걷다 보면 도착한다. 나는 작가와 사상가, 학자, 연극 단원들의 묘지 사이사이를 걸으며 독일 영혼들이 지배하는 죽음의 제국에서 산책을 시작한다. 브레히트를 비롯해 19세기 초 프로이센의 위대한 문화 시대를 살았던 이상주의 철학자 헤겔과 피히테(Fichte)가 묻힌 곳. 음악가이자 서정시를 쓴 시인 볼프 비어만(Wolf Biermann)은 이곳을 배경으로 연인과 배회하는 내용이 담긴 노랫말을 남겼다.

우리는 가끔 20분을 걸어

점심시간을 잃지 않으려고

후게노텐 묘지로 산책하러

모퉁이를 돌면 나오는 그곳으로

그곳에선 향기가 나고 새가 지저귄다네

빽빽하게 들어선 집들 사이로 꽃이 핀다네

익숙하고 편안한 걸음으로 몇 발자국 더 들어가면

거리의 소음은 더 이상 들리지 않네

우리는 서로의 손을 잡고

브레히트의 묘지로 천천히 걸어가

회색빛 화강암으로 만들어진 그의 묘석은

그에게 썩 잘 어울리지

그의 옆에는 헬레네가 누워 있다네

바이겔 가문의 그 위대한 여성은

모든 연극과 집에서 하던 요리, 빨래는 접어두고

이제는 그곳에서 쉬고 있다네

우리는 기쁜 마음으로 계속 걸어가

그리고 키스를 나누며 이런 생각을 해

죽은 몇몇은 우리와 얼마나 가까우며

살아 있는 우리 중 몇몇은 얼마나 죽어 있는가

우리는 매우 노쇠한 노파를 만났네

한쪽에서는 낙엽을 그러모으고,

다른 쪽에서는 무언가를 심고

또 무언가를 하던 그녀는 우리가 오는 것을 보더니

우리에게 다가오라 손짓하며 웃었네

노인은 우리에게

1918년 11월의 혁명에 관해 이야기했다네

"이곳에서 스파르타쿠스 단원들은

도망가던 제국의 군인들과 서로에게 총을 겨눴지

카를 리프크네히트와 룩셈부르크 로자

-사람은 이렇게 살아야 해!-

그들의 활기와 피살

나는 그 둘의 모습을 보았지

내가 아직 젊었을 때

-지금의 나는 나이를 너무 먹었어!-

여기서부터 프리드리히슈트라세까지

그때는 빽빽한 숲이었어"

우리는 기쁜 마음으로 계속 걸어가…

그곳엔 모든 분야의 위대한 사람들이 누워 있다네

수많은 보통 사람들도 누워 있지

그곳엔 거대한 플라타너스 나무들이 서 있어서

삶의 기쁨은 어디에서 오는가

보는 이들의 눈을 즐겁게 해

우리는 헤겔 쪽으로 건너가 보기도 하고

그참에 가까이 붙어 있는

한스 아이슬러와 볼프강 랑호프를 찾아가기도 한다네

존 하트필드는 바로 다음 줄에 살고 있다네

이곳에선 베허도 읽을 수 있지

시 한 편 전부가 돌에 참 아름답게도 새겨져 있거든

예쁜 돌이라네, 사암으로 만들어졌지

내 생각에 그 돌은 견고할 거야

태양은 수풀과 가파른 경사를 이루고

참새들은 서로를 격렬하게 쫓고

우리는 서로를 단단히 끌어안은 채 춤을 추네

이 초록빛 그림 사이로

우리는 기쁜 마음으로 계속 걸어가…

노랫말 속 산책을 즐기는 주인공들은 마치 독일 사회주의와 그 문화 엘리트들이 이뤄놓은 '올림포스산'(그리스 신화 속 올림포스의 12신이 살고 있는 곳)을 등반하는 것 같다. 카를 마르크스에게 변증법을 가르쳐준 보수주의 철학자 헤겔부터 작곡가 한스 아이슬러(Hanns Eisler), 극 연출가 볼프강 랑호프(Wolfgang Langhoff), 포토몽타주를 제작한 존 하트필드(John Heartfield)에 이르기까지 20세기 좌파 예술의 아이콘들이 등장한다. 마지막 연에 언급되는 '베허'는 동독의 첫 문화부 장관을 지낸 요하네스 베허(Johannes R. Becher)다. 가사를 쓴 비어만은 그를 반어법으로 비꼬기를 서슴지 않았다. 한때 표현주의 서정 시인이었으나 이후 공산당 체제에 힘없이 순응하는 야심가가 된 베허를 비어만은 진심으로 경멸했다.

아우슈비츠에서 나치에 의해 유대인 아버지를 잃었던 비어만은, 이후 구동독의 반체제 저항시인으로 살며 배척자의 길을 걸었다. 활동 금지를 당하기도 했던 그는, 대중의 관심을 필요로 하는 음악인으로서 예술가의 삶에 공급되어야 할 산소를 차단당한 것과 다름없었다. 비어만은 관료주의적 일당독재에 대항하며 반란을 일으키는 이교도로 낙인찍혔지만, 그는 좌파였고 마르크스주의자였다. 그가 보기에 당시 정부는 노동 운동의 이상, 마르크스와 엥겔스의 사상을 배반했다. 동독은 비어만처럼 뚜렷한 주관으로 체제 정당성에 의문을 제기하는 비평가들을 가장 두려워했

삶의 기쁨은 어디에서 오는가

고, 특별히 엄격하게 추적하며 압박했다.

공동묘지에서의 산책을 그린 이 노랫말에는 그런 배경이 숨어 있었다. 점심시간의 소박하고 평화로운 정경 뒤에 정치적인 도발이 담겨 있던 것이다. 자유사상가 비어만은 세상을 떠난 위인들의 지지가 필요했다. 헤겔은 당의 시조인 마르크스의 스승이었기에 거룩한 인물이었고, 브레히트와 한스 아이슬러, 존 하트필드는 국가로부터 '공식적으로' 존경받는 공산주의 지성인들이었다. 비어만은 이들에게 존경을 표하면서, 한편으로는 자신을 위해 그들의 권위를 이용하며 스스로를 전통의 계승자로 내세웠다. 그가 쓴 가사의 진짜 메시지는 바로 다음과 같았을 것이다. "진정한 사회주의자는 바로 나다. 융통성 없는 당중앙위원회 간부나 독일사회주의통일당의 공산당 정치국이 아니라."

비어만은 앞서 나열한 과거의 영웅들이 자신에게는 가족과 같다는 말을 하고 싶었다. 또한 그 인물들도 살아생전에는 자신과 마찬가지로 교조적이고 편협한 이들로부터 수상쩍다는 의심을 받았기에, 만약 그들이 살아 돌아온다면 반항적인 성향의 자신을 그들의 후계자로 인정하리라는 의미를 전하고 싶었다.

비어만의 노래는 고인이 된 위인과 자신 사이에 정신적 유사성을 찾기 위한 송가(頌歌)다. 이 과정에서 그는 시간을 초월한다. 선조들은 선구자가 되고 후대 사람들은 계승자가 되는 보이지 않

는 관계, 과거와 더 먼 과거에 대한 기억으로부터 끌고 올 수 있는
힘을 지향한다. 지나간 것은 영감의 원천이며, 지금, 여기를 판단
하는 기준이다. 이는 현재의 지배 세력이 누구든 간에 내면의 자
주성을 유지하게 해주며, 의지가 되는 좋은 동료들과 함께한다는
믿음을 준다. "죽은 몇몇은 우리와 얼마나 가까우며, 살아 있는 우
리 중 몇몇은 얼마나 죽어 있는가."

❖ ❖ ❖

볼프 비어만의 마르크스주의적인 세계관은 나의 세계관과는 다르
다. (비어만 스스로도 나중에는 자신의 예전 세계관과 멀어졌다.) 하지만 그가
가졌던 역사의식에는 깊이 공감하며, 나 또한 그런 공동묘지 산책을
좋아한다.

　로마 구시가지에 있는 비가톨릭 신자의 공동묘지인 치미테로
아카톨리코(Cimitero acattolico)에는 이탈리아를 여행하던 영국의 낭만
주의 작가 퍼시 셸리(Percy Bysshe Shelley)와 존 키츠(John Keats) 등이 잠
들어 있다. 이곳은 대도시의 소음 한가운데에 위치한 평화로운 공
원, 그 이상의 의미를 가진다. 우리를 앞서간 수많은 세대들도 '영원
한 도시'에 이끌렸다는 사실, 아름다움과 위대함에 대한 동경은 갑
자기 사라지지 않는다는 사실, 로마를 찾은 이들은 단순한 관광객이

아닌 한 번도 끊어진 적 없는 순례자 행렬의 일부임을 상기시킨다. 누군가는 공동묘지가 무언가의 끝을 상징한다고 말할지도 모른다. 사실은 그 반대다. 공동묘지는 무언가가 이어짐을, 끊임없이 앞으로 나아감을 의미하는 곳이다.

"과거는 절대 죽지 않는다. 심지어 아직 지나간 것도 아니다." 미국의 소설가 윌리엄 포크너(William Faulkner)가 남긴 말이다. 이는 우리가 앞서 다룬 2장의 내용과도 연결된다. 상상은 그 자체의 우주를 창조해 내고, 허구 세계에 대한 관심은 교양에서 중요하고도 필수적인 부분이라는 점 말이다.

과거 세계도 이와 마찬가지다. 영어에서 관용어구로 사용되는 'It's history(그건 지나간 일이야)'라는 표현은 '그건 해결됐으니까 그만 잊어도 돼'라는 뜻이다. 교양인이라면 이 말을 그리 쉽게 내뱉진 못할 것이다. 그들은 어떤 아이디어가, 어떤 책이, 어떤 문화양식이 단지 20년이나 200년, 혹은 2000년 전 것이라고 해서 진실에서 멀어진다거나 빛이 바래는 게 아니라는 것을 안다. 심지어 지나간 것이라고 해서 반드시 시의성을 잃는 것도 아니다.

영국 출신의 작가 나오미 앨더만(Naomi Alderman)은 부업으로 게임 디자인을 하고 있다. 그는 '디지털 산업에서의 창의력'을 주제로 열린 한 토론에서 '스토리텔링에 어떤 조직화된 틀이나 구성 원칙이 있는가?'라는 질문에 긴 논의가 이어진 것을 두고 한참을 웃음거리로 삼았다. 이미 2500년도 더 전에 아리스토텔레스가 『시학』에서 사건의 전개와 이야기의 도식적 구성에 관해 확인시켜 주었음에도, 토론에 참여한 사람들은 마치 금시초문이라는 듯 이야기를 주고받았기 때문이다.

'지금'에만 묶인 생각은 우둔함으로 이어지는 심각한 위험을 안고 있다. 누군가가 당연하다는 듯 "지나간 것은 더 이상 흥미롭지 않다"라고 주장한다면, 그게 언제가 됐든 바로 상대를 의심하고 자신의 의견을 완고하게 지켜야 한다. 무조건 과거가 훌륭해서가 아니다. 실제로 과거보다 현재가 반드시 인상적인 권위를 갖는 것도 아니며, 교양을 쌓는다는 것이야말로 순진하고 편협한 현재 중심의 사고에 저항한다는 의미이기 때문이다.

G. K. 체스터턴(Gilbert Keith Chesterton)은 키가 작고 얼굴이 둥근 탐정 겸 신부(神父) 브라운을 탄생시킨 영국 작가다. 평범한 사람들의 생각과 달리 그는 교회가 완벽한 민주주의를 실현하는 기관이라고 말한 바 있다. 그 주장의 근거는 이랬다. 교회 안에서는 살아 있는 사람뿐 아니라 죽은 이들도 의결권을 갖는다. 그도 그럴 것이 기독교의 교의는 현재의 관점으로만 판단하여 결정할 수 없다. 이전 시대의 계시나 교리를 고려해야 한다. 수천 년의 시간을 담은 성경과 역사 전반에 흩어져 있는 성인, 신학자, 신자 모두가 기독교라는 기업에서 결정권을 갖는 지분 소유자인 셈이다. 교양이라는 세계도

이처럼 단지 과거에 속한다는 이유만으로 침묵하지 않아도 되는, 시간을 초월하는 민주주의의 세계다.

나아가 그러한 이유에서 이 세계는 조금도 보수적이지 않다. 우리는 '전통'이라는 단어에 무의식적으로 멈춰진 시간, 소시민적이거나 (가짜) 귀족적인 특성 등을 떠올린다. 넥타이가 필수인 모임, '성당 미사를 라틴어로 진행했으면' 하는 사람들의 모습도 떠오른다. 하지만 주류에 이의를 제기하는 사람들, 혁명가들 역시 과거에 발생한 부정과 그에 대한 반항에서 자신들의 미래를 위한 동기부여를 얻고 희망을 찾는다. 페미니스트, 노동조합원, 사회주의자, 아프리카계 미국인 민권운동가, 게이와 레즈비언 활동가들의 운동 역사는 후대에도 엄청난 의미를 지닌다.

역사 인식의 반대 개념은 진보가 아니라 망각인 것이다.

2015년 초, 인도에서 지낼 당시 나는 글을 모르는 한 무리의 인도인들을 보며 과거가 갖는 진보적인 힘을 배웠다. 하루는 타란 칸(Taran Khan)이라는 영화감독의 집에서 열리는 행사에 초대를 받았다. 감독의 아버지이자 알리가르무슬림대학교(Aligarh Muslim University)에서 역사학을 가르치던 이크발 가니 칸(Iqbal Ghani Khan)의 추모식이 열리는 자리였다. 알리가르무슬림대학교는 19세기에 세워진 인도에서 가장 오래된 이슬람 대학교다. 델리에서는 차로 세 시간 거리에 떨어져 있었는데, 캠퍼스의 절반은 옥스퍼드, 절반은 천일야화의 분위기를 풍기는 동화 속에서나 볼 법한 무대 세트장 같은 모습이었다.

칸 교수는 수업 시간 외에도 학생들이 마치 봉건시대의 귀족처럼 기숙사와 강의실, 도서관을 오갈 때 이용하던 릭샤 운전자들의 사회적 이해관계를 위해서도 힘썼다. 비효율적이던 그들의 노조를 재정비하는가 하면, 운전자들에게 현대적이고 효과적으로 항의하는 방식을 알려주었다. 부패한 경찰과 거만한 학생들에게 맞서며 그들의 편을 들어주었다. 그러던 2003년 어느 날, 그는 지금까지도 의문으로 남아 있는 살인 사건의 피해자가 되고 말았다. 칸 교수의 딸은 자신의 아버지를 기리기 위해 재단을 설립했고 형편이 특히 어려운 아이들을 위해 교육 지원을 하며 힘쓰고 있다. 1년에 한 번씩 추모 학회도 주최하는데, 2015년 3월에 열린 학회의 주제가 '왜 기억하는가?'였다.

칸 일가와 그 친구들 그리고 발표자들은 아침 일찍 타란의 부모님이 살던 집에 모여 아침 식사를 했다. 그 집은 영국 식민 통치 시절에 지은 고전주의 방갈로 형식의 매혹적인 주택이었다. 안톤 체호프(Anton Chekhov)가 쓴 극에 나올 법한 복도가 있고, 기둥으로 둘러싸인 커다란 테라스가 어두운 정글의 녹색 정원으로 이어지는 건물이었다. 오전 기념 강연으로는 인도 대법원의 유명 변호사가 여성과 카스트 제도의 하위 계층, 종교 소수자의 인권침해에 관해 발표했다. 오후에는 그에 따른 단상 토론이 이어졌다. 대학 건물 사이 잔디밭에 의자를 세워두고 야외에 앉았는데, 마치 학술적인 가든파티에 참석한 기분이었다. 주변을 둘러보자니 가장 뒷줄에 분위기가 다른 남성 몇몇이 앉아 있었다. 그들은 다른 참석자들보다 더 왜소하고 어두웠으며 청바지나 옅은 색 면바지 대신 남루한 작업복 차림을 하고 있었다. 이크발 가니 칸이 마지막 순간까지 관심을 쏟았던 릭샤 운전자들이었다.

그들은 단상에서 논의하던 내용을 거의 이해하지 못했을 것이다. 토론은 영어로 진행됐는데 인도에서 영어는 교육받은 중산층 이상 계급의 언어였다. 대부분의 평범한 인도 사람들은 영어는커녕 적당히 읽고 쓰는 법조차 배우지 못했다. 하지만 이 릭샤 운전자들은 내용을 이해하지 못함에도 행사가 끝날 때까지 동요하지 않고 자리를 지켰다. 그들은 칸 교수에게 명확하고 분명한 감사의 마음을 갖고 있었을 것이다. 그곳에서 자리를 지킴으로써 고인에 대한 경의를 표하고 싶었을 것이다. 동시에 그렇게 함으로써 그들은 잔혹할 정도로 불평등한 인도 사회에서 존중을 요구하는 일상적인 투쟁을 한 차원 더 확장할 수 있었다. 그들의 투쟁은 '일상적'일 뿐 아니라 계속해서 노력해야 하는 기나긴 프로젝트였고 인내심과 기억이 필요한 일이었다.

이것이 바로 교양에서 역사가 특별한 위치를 차지하는 이유다. 인류는 역사를 통해 실패와 승리를 기억하며, 미래를 전망하고 연대할 원천을 제공받는다. 역사는 과거가 우리를 홀로 두지 않으며 우리 또한 미래를 홀로 두어서는 안 된다는 사실을 상기시킨다. 역사는 우리를 고립과 자기중심성에서 해방시켜 주는 도끼인 셈이다. 그런 점에서 알리가르의 릭샤 운전자들은 230년 전에 이 모든 것을 이미 언어로 옮겨두었던 비범한 역사학자 프리드리히 폰 실러(Friedrich Schiller)의 말을 인용할 수도 있었을 것이다.

실러는 자신의 희곡 『군도』와 다른 작품들을 통해 질풍노도운동에 따른 문예사조의 스타작가로 이름을 알렸다. 하지만 작가 활동만으로는 먹고살기에 충분하지 않았다. 결혼을 하고 싶었던 이 젊은 작가는 존중받을 만한 직업이면서 생계에 도움이 되는 다른 직장을 찾아 나섰다. 그의 눈에는 대학교수가 가장 좋은 대안으로 보였던 것 같다.

실러의 희곡 중 두 편은 역사를 주제로 다룬다. 천재적인 야심가였던 실러는 우선 문학 분야에서 명성을 높여야겠다고 생각했는지, 17세기 네덜란드가 스페인 왕국의 통치권에서 벗어나는 내용의 독립운동 이야기를 발 빠르게 작품으로 남겼다. 그의 전략적인 출세

계획은 성공을 거두었다. 프리드리히 실러는 예나대학교(University of Jena)의 교수로 임명되었고 1789년 5월 26일과 27일 이틀에 걸쳐 '세계사를 전공한다는 것의 의미와 목적은 무엇인가?'를 주제로 취임 공개 강의를 진행했다. 유명 인사의 첫 강의에 몰린 인파는 어마어마했다.

모든 다양성과 갈등에도 실러에게 역사는 결국 진보하는 연대기였다. 역사에서 오는 자극과 역사로부터 받는 격려는 역사에 무엇으로도 대체할 수 없는 가치를 부여했다. 그는 인문주의 시대다운 화려한 수사법을 구사하면서 당시 강연을 들으러 온 남학생들에게 (당시 학생 중에는 여성이 없었다) 다음과 같이 설명했다. "노력과 천재성, 이성과 경험이 긴 시간을 뒤로하고 마침내 집으로 가지고 돌아온 모든 보물은 전부 우리 차지입니다. 익숙함과 함께 확실히 보장된 소유권 때문에 감사함을 잊게 되는 그 재산의 가치를 여러분은 역사를 통해 배우게 될 것입니다. 가장 선하고 가장 고귀한 이들의 피가 묻어 있는, 그토록 많은 세대의 고단한 노고가 들어가야만 했던 소중하고 값비싼 재산! 여러분 중 누가 밝은 영혼과 감동할 줄 아는 마음을 모두 갖춘 사람으로서, 이전 세대에게는 더 이상 갚지 못할 빚을 다음 세대에게 변제해야 한다는 고요한 소망 없이 이 고귀한 의무를 기억하겠습니까? 진실과 도덕, 자유의 풍부한 유산을 이전 세상에서 전달받고 풍요롭게 늘려 앞으로 올 세상에 돌려줘야 합니다. 또한 우리가 가진 수단을 통해서 이에 기여하고, 달아나려는 존재를 인류의 모든 세대를 관통하고 휘감는 불멸의 사슬에 고정시키겠다는 고귀한 열망이 우리 안에서 달아올라야 합니다." 역사는 개인의 의식을 인류의 의식으로 확장하게 해주는 매체라는 의미다.

교양에서 역사가 차지하는 이러한 위상에 이견을 제기하는 사람들도 있다. 역사를 다루는 의미와 목적을 의심스러운 눈빛으로 바라보는 이들은 효율성에만 집착하는 속물이나 미래를 낙관하는 현대 기술의 신봉자들만이 아니다. 실러의 낙관론적인 비전에 의혹을 제기하는 부류는 이미 오래전부터 있었다.

철학자 프리드리히 니체는 1874년 독일 정신사에서 가장 영향력 있는 에세이를 발표했다. 그의 글은 「삶에 대한 역사의 이로움과 해로움」이라는 신중한 제목으로 발표되었지만, 자세히 들여다보면 해로움을 설명하는 데 훨씬 더 많은 지면을 할애했다. 니체는 당대의 문화가 잡동사니 지식으로 꽉 막혀 있으며 너무 큰 짐을 이고 있다고 여겼다. 그가 보기에 고대를 포함한 과거 연구는 세세한 것들을 너무 많이 담으려 했다. 이 때문에 학생들은 의혹과 고려, 신중함에 짓눌려 주눅 들어 있었고, 현대 문명 전반에는 과거의 그림자가 압도적으로 드리워져 있었다. 역사의 억압 때문에 정신과 영혼이 자유롭게 숨 쉬기조차 어려울 지경이었다. 과거에 영웅적 행위를 하는 데 유용한 본보기가 되었던 역사는 이제 파멸의 근원이 되는 해로운 대상이 되었다. 또한 역사는 지성의 근원적인 신뢰와 순진성을 파괴하여, 인간은 창의성을 잃고 궁극적으로는 존재 자체를 위협받게 된다는 것이었다. 니체는 이렇게 서술했다. "인간이든, 민족이든, 문화든, 어느 정도의 불면, 반추, 역사적 의미에 도달하면 그것은 해를 입고 결국 멸망한다." 니체의 말에 따르면 우리는 기억하는 법이 아니라, 잊는 법을 배우고 연습해야 했다.

니체는 중요한 점을 지적한다. 어떤 시대는 너무 많은 역사의 짐을 끌고 다니면서 두려움에 휩싸이고 활기를 잃어버리기도 한다. 19세기 후기 유럽이 바로 그랬다. 그리스 양식을 흉내 낸 합각머리 장식의 정면, 고딕 양식을 따라 한 첨두아치 등 독창성을 잃은 이 시대의 가망 없어 보이는 건축만 봐도 알 수 있다. 과거 사실에 관한 지식만 쌓는다고 해서 교양을 갖춘 사람이 되는 것은 아니다. 그보다는 과거에서 감동을 받을 수 있고, 과거가 주는 울림을 얼마나 느낄 수 있느냐가 중요하다. 볼프 비어만과 그의 연인이 점심시간 산책을 하면서 느꼈듯이 말이다.

니체는 자신의 에세이에서 "역사는 본보기, 스승, 위로가 필요한 사람과 위대한 투쟁을 하는 투사 그리고 이와 같은 역할을 해줄 사람을 주변의 동료에게서나 현재에서 찾지 못하는 이들에게 속하는 것이 합당하다"라고 서술했다. 그는 과거에 대한 이러한 통찰을 일컬어 스스로 '기념비적이다'라고 표현했는데, 여기서 중요한 사실은 역사는 닫히지 않고 계속해서 작용하는 것이며 삶에 에너지를 공급하는 것이라는 깨달음이다.

「삶에 대한 역사의 이로움과 해로움」에 담긴 니체의 고찰이 내게 의문스러운 이유는 두 가지다. 먼저 현대는 과거의 가치를 과대평가하고 그 중요성을 지나치게 강조하는 시대가 아니다. 21세기 초 오늘날 문명은 시대의 무거운 짐을 짊어지고 고통스러워하지 않는다. 가벼운 배낭을 메고 여행 중이다. 현대의 지배적이고 대표적인 커뮤니케이션 체계로 자리 잡은 전자기기와 인터넷 세상은 예전의 기록 보관소와 도서관 문화처럼 전통을 충실히 따르지 않는다. 니체가 드물고 가치 있는 능력이라고 표현했던, 거의 소멸할 위기에 처한 문화로 여겨진 망각의 기술은 우리가 사는 시대를 지배한다. 따라서 과거를 지나치게 강조하는 것에 저항해야 한다는 자극은 설득력을 갖지 못한다. 우리는 큰 동정심을 갖고 역사를 대해야 한다.

다른 한 가지 이유는 말로 정리하기가 좀 어렵지만 넓은 의미에서의 도덕적인 판단 때문이다. 그건 바로 우리에게는 기억해야 할 의무가 있다는 것이다. 한번쯤 '미제 사건'에 관해 들어보았을 것이다. 일부 사실이 잊힐 만큼 오래전에 발생한 사건의 진상을 규명하는 경찰 수사다. 가끔 텔레비전을 통해 범죄 수사물의 주요 소재로 다뤄지기도 한다. 드라마나 영화에서는 때때로 피해자의 신원조차 밝혀지지 않고 그저 의문스러운 유골만이 발견되는 현장을 묘사하며 미제 사건을 그린다. 이때 신원 미상의 피해자를 애타게 찾는 사람이 있는지, 있다면 누구일지 아는 사람은 아무도 등장하지 않는다. 한 공무원이 나타나 유해의 이름과 얼굴을 찾을 때까지 쉬지 않고 애쓸 뿐이다. 그러고는 마침내 얼굴을 찾는다. 풀리지 않았던 수수께끼의 실마리가 발견되는 순간이다. 이윽고 주인공(공무원)은 범인을 찾아낸다. 그렇지만 그 사건을 그냥 덮어둘 수는 없었을까? 이미 많은 시간이 흘렀고 죽은 이의 가족과 친구들은 저마다의 방식으로 망자와 이별한 뒤 알아서 잘 정리하고 살아가는 법을 배웠을 텐데 말이다. 살인자도 더 이상 어떤 죄도 짓지 않고 좋은 시민인 척 살아가고 있다면 어땠을까? 하지만 이 모든 가정을 뒤로하고 드라마는 우리에게 그런 식으로 끝나서는 안 된다고 이야기한다.

당연히 그래서는 안 될 일이다. 속죄하지 않는 범죄는 있어선 안 되고 법질서 또한 바로 세워야 하기 때문이다. 하지만 그보다 더욱 근본적이고 강력한 이유가 있다. 그건 바로 희생자에게는 자신의 운명이 잊히지 않고, 그냥 그렇게 사라지지 않게 할 권리가 있기 때문이다. 익명의 어둠과 사후의 무기력에서 벗어나 이름과 얼굴이 문서로 기록되고 자신에게 무슨 일이 일어났으며 누구에게 어떤 책임이 있는지 사람들에게 알릴 권리가 있다. 죽은 이들에게는 기억될 권리가 있고 우리에게는 기억하기 위해 애써야 할 의무가 있다. 이 사실을 정확하고 진지하게 받아들일 수 있다면 망각이 그저 자연스러운 약점이나 무해한 태만이라는 게 틀린 말임을 알 수 있다. 니체가 말한 것처럼 망각은 마땅히 누려야 할 해방이 아니며, 정당한 이유를 갖고 짊어지지 않아도 될 과거의 짐을 던져버리는 행위는 더더욱 아니다. 망각은 곧 잘못이다.

기억이라는 개념은 예전에 나의 어머니가 들려주었던, 내가 가장 좋아하는 이야기를 떠올리게 한다. 어머니는 아버지와 비교하면 자신의 취향을 전파하려고 애쓰지 않았다. 그래서 어머니가 선호하는 대상으로부터 내가 영향을 받는 일은 흔치 않았다. 하지만 이 이야기만큼은 꼭 읽어보라며 매우 강력하게 권하셨다. 그리고 그때의 경험은 나에게도 흔적을 남겼다.

어머니는 교사였다. 자신이 하는 일을 무척 좋아했고, 학생들을 가르치는 직업에 강한 확신을 가졌다. 그러니 이 이야기가 학생들에 관한 이야기라는 사실은 어쩌면 우연이 아닌지도 모른다. 안나 제거스(Anna Seghers)라는 작가가 쓴 이 이야기의 제목은 『죽은 소녀들의 소풍(Der Ausflug der toten Mädchen)』이다. 작가는 브레히트, 헤겔과 마찬가지로 도로테엔슈타트 공동묘지에 잠들었다. 강제수용소 수감자의 탈출기를 담은 『제7의 십자가』는 저자의 가장 유명한 작품이다. 이 소설은 제거스가 1940년대 나치를 피해 도착한 멕시코에서 집필한 작품이다. 제거스는 유태인 출신이라는 이유와 자신의 정치적 신념 때문에 망명해야만 했다. 『죽은 소녀들의 소풍』 역시 망명 생활 중에 쓴 글이다. 내가 알기로는 안나 제거스의 작품 중 유일하게 이 이야기만 일인칭 시점으로 서술되어 있다.

이야기의 화자는 멕시코를 여행한다. 그녀는 더위와 피로에 지친 상태로 마당이나 정원처럼 보이는 어떤 장소에 다다른다. 그러다가 갑자기 그녀의 눈앞에 신비롭게도 제1차 세계대전이 발발하기 전, 그러니까 수십 년 전 그녀가 독일 학교에서 소풍을 떠났을 때의 풍경이 펼쳐진다. 어느 여름날이었다. 라인강 위의 한 레스토랑 테라스에는 빨간색과 흰색 격자무늬의 식탁보가 깔린 테이블이 놓여 있다. 강 위에는 증기선이 떠 있고, 맞은편 강가에는 마을과 들판, 과일나무가 보인다. 화자는 어린 시절 자신과 같이 학교생활을 하던 학생 무리에 섞여 있었다. 그녀 주위로는 친구들이 뛰어 다니며 놀았고 십 대라면 으레 거쳐 가는 사랑의 모험과 소소한 질투의 드라마도 펼쳐졌다.

하지만 동시에 그녀는 같은 반 친구들이 미래에 겪을 일들을 모두 알고 있다. 누가 나치의 일원이 되고, 누가 강제수용소로 보내지는지, 누가 간호사가 되어 야전병원으로 가고, 누가 사회주의 신념을 지키기 위해 가장 친한 친구를 배반하는지, 누가 자신의 약혼자를 전쟁에서 잃고, 누가 남편의 일자리를 지키기 위해 5월 1일에 하켄크로이츠(나치 독일이 사용했던 상징) 깃발을 내걸고는 수치스러워하며 가스 오븐을 틀고 자살하게 될지 그녀는 모두 알고 있다. 학생들은 마지막에 라인강을 떠다니는 증기선을 타고 그들의 집이 있는 도시로 돌아온다. 도시의 이름은 나오지 않지만 1900년 안나 제거스가 태어난 마인츠(Mainz)로 추측된다. 이야기의 꿈속 현실에서는 아직 파괴되지 않은 도시를 바라보지만 화자는 그곳이 폭격으로 잿더미가 되리라는 사실을 이미 알고 있다. 그러다가 불현듯 멕시코의 강렬한 오후 햇빛을 받으며 신기루와 같은 환영에서 깨어난다.

이 이야기는 문학의 역설적인 시각 표현, 비현실적인 상상 속에서 지나치게 예리할 정도로 투명하게 현실을 인지한다는 점에서 특별하다. 또한 죽은 이들이 유령으로 부활한 듯하면서도 그들의 죽음이 여전히 불가피하고 불가해한 채 어린 시절에 드리워졌다는 사실이 강렬하게 다가온다. 내가 주목했던 점은 이 이야기의 또 다른 모티프였던 기억의 의무다. 소녀들이 증기선을 타고 도시로 돌아왔을 때 화자는 물, 여행, 허무함, 세상의 불명확성에 관한 작은 몽상에 빠진다. 그녀는 무언가에 홀린 듯 생각에 잠겨 있다가 선생님 때문에 깨어난다. "지헬 선생님이 어느 순간 내 앞에 서 계셨다. 얼룩무늬 원피스 차림에 단단하고 작은 가슴을 가진 선생님은 햇볕 아래에서 매우 젊어 보였다. 선생님은 빛나는 회색 눈동자로 나를 바라보며 내가 여행과 작문을 좋아하니 다음 독일어 시간에 우리의 소풍을 묘사해 보면 좋겠다고 하셨다." 여기에는 작가 자신의 모습이 반영되었다. 지헬 선생님이 과제를 내준 학생은 실제로 나중에 작가가 되고, 그녀가 수행해야 했던 과제는 우리가 살펴보는 이 이야기가 되었다.

『죽은 소녀들의 소풍』 말미에는 화자가 백일몽에서 깨어나 피곤함을 느끼며 현실과 상상, 현재와 과거, 망명지와 고향 사이에서 방향을 잃고 목적 없이 움직인다. "오늘과 내일, 이곳과 저곳. 나는 시간을 어떻게 보내야 할지 스스로에게 물었다. 이제 나는 공기처럼 그 흐름을 억제할 수 없는 끝없는 시간의 물결을 느꼈기 때문이다." 그러고는 냉철하고 갑작스럽게 이야기의 대단원이자 최종 결론에 도달한다. "나는 갑작스럽게 선생님이 내주셨던, 우리의 소풍을 세심하게 묘사해 보라고 했던 과제가 떠올랐다. 나는 내일 바로, 아니면 오늘 저녁에라도 피곤함이 가시면 지시받은 과제를 해야겠다고 마음먹었다." 이 문장에서는 마치 군율 같은 엄격함이 느껴지는데, 과제 수행을 단순히 요구받거나 제안받았다고 하지 않고 '지시'받았다고 표현했기 때문이다. 이것을 피할 어떤 변명이나 늦장도 허용되지 않는다는 듯이 말이다.

안나 제거스는 이 부분을 통해 문학과 작가의 임무가 무엇인지 설명한다. 제거스가 볼 때 작가는 문학을 통해 증언하고 한 시대의 기억이 되며 후세를 위해 죽은 이들의 삶을 보존하는 임무를 가진 사람이었다. 하지만 그 기억의 작업은 비단 작가들에게만 내려진 '지시'가 아니다. 기억의 작업이야말로 문화의 핵심이며 하루살이와 같이 덧없고 가벼운 존재 이상이 되겠다는 주장의 근거이기 때문이다. 인간의 삶에 공간의 폭을 넓히는 것이 여행이라면 기억은 시간의 깊이를 더한다. 신이 이스라엘 민족에게 이집트의 억압에서 해방되었음을 영원히 기억하라고 경고하는 구약성서부터 화자가 자신의 어린 시절 감정을 발굴해 나가는 마르셀 프루스트(Marcel Proust)의 소설 『잃어버린 시간을 찾아서』에 이르기까지, 모든 문명은 기억하려는 노력에 기반을 둔다. 동시에 끊임없이 작용하여 우리를 지치고 무디게 만드는 망각의 중력을 상대로 질기고도 힘겹게 저항해 가며 이루어졌다.

불행하고 부당했던 역사뿐만 아니라 행복하고 화려했던 위대한 역사도 기억해야 한다. 그 역사 또한 무엇과도 바꿀 수 없는 한 번뿐인 특별함을 지니며 길이 기억되면서 존중받아야 마땅하다. 호메로스는 『일리아스』에서 신에게 버림받은 영웅의 처절한 최후와 그의 위대한 업적을 함께 다룬다. 인류의 과거에서 훌륭했던 것과 끔찍했던 것은 같이 기억돼야 하며, 그 불가분의 관계를 이해하고 견딜 수 있어야 한다. 망명자 신분이었던 발터 베냐민(Walter Benjamin)은 1940년 나치에게서 벗어나 프랑스로 도피하던 도중 자살을 기도하며 이렇게 기록했다. "(지적이거나 예술적인 걸작은) 그것을 창조한 위대한 천재의 노력 때문만이 아니라 이름 없이 행해진 동시대인들의 고역 덕분에 탄생한 것이기도 하다. 그것은 문화의 기록인 동시에 야만적 행위의 기록이기도 하다." 파라오의 피라미드가 숭고함을 지녔다면 그 이면에는 돌을 나르던 노예들의 굴종이 있었다. 한쪽이 기억돼야 한다면 다른 쪽도 기억해야 마땅하다. 내일이 아니면 오늘 저녁에라도, 우리의 피곤함이 가시고 나면 말이다.

망각하거나 그것을 계획하는 자, 망각의 문화를 선전하거나 그것에 반대하지 않는 자는 인류의 근본적인 책임을 살그머니 회피하는 것과 같다. 망각은 인류에 대한 배신이고 교양을 갖춘다는 것은 곧 인류를 배신하지 않겠다는 다짐이다.

2부
성숙한 생각은
어떻게 만들어지는가

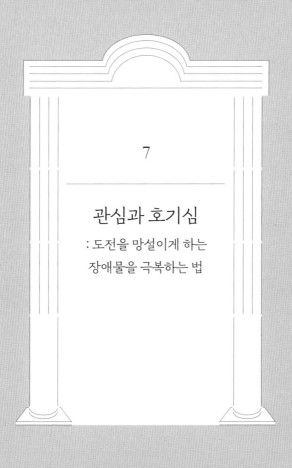

7

관심과 호기심

: 도전을 망설이게 하는
장애물을 극복하는 법

"우리의 시야를 넓히는 데 가장 필요한 것은

이해력을 늘리려는 노력이 아니다.

우리와 교양 사이를 이어줄 연결고리를 찾는 시도다."

교양이 우리에게 어떤 기쁨을 가져다주는지 이야기하자면 끝도 없다. 교양은 벼락치기 공부가 아니라 사랑과 우정, 여행과 자연처럼 인생을 풍요롭게 하는 즐길 거리 중의 하나다. 하지만 우리는 교양이라는 세계 앞에만 서면, 인류 문명이 세워놓은 거대한 장벽에 가로막힌 듯 압도당하는 기분이 든다. 그 부담을 극복해야만 기쁨이 온다는 말인가? 그렇다면 이 웅장한 문화유산의 벽을 넘어설 비결이나 도움말은 없는 걸까? 방법이 있기는 하다.

첫 번째로 건넬 수 있는 조언은 즐거움과 감동, 흥미를 주지만 사소해 보일 수 있는 대상을 두려워하거나 부끄러워하지 말라는 것이다. 이를테면 스릴러나 로맨틱 코미디, 청소년 문학으로 분류된 책들 말이다. 청소년 문학은 아직 성인이 되지 않은 나이 어린 독자를 대상으로 쓰인 글이지만, 실제로는 평단의 호평을 받은 소설을 지루해하거나 어려워하는 성인들도 즐겨 읽는다. 게다가 '잘 읽히는 책'에 손이 가는 것은 전혀 부끄러워할 일이 아니다. 스릴러나 공상과학소설, 역사소설 등 일명 '장르 문학'도 잘 쓴 작품이라면, 고전이나 현대문학 걸작을 읽기에 앞서 독서 연습을 할 수 있는 훌륭한 도구가 된다. 뛰어나면서도 동시에 병적이고 타락했던 시대인 19세기 말을 더 잘 이해하고 싶다고 해서, 반드시 프로이트의 정신분석이나 구스타프 말러의 음악부터 부딪쳐 봐야 하는 것은 아니다. 런던의 범죄 현장과 모험을 좋아하는 기이한 탐정 이야기를 다룬 아서 코넌 도일(Sir Arthur Conan Doyle)의 셜록 홈스 시리즈부터 시작해 볼 수도 있다.

장르 문학과 대중문화에서의 명작은 인문정신을 담은 대작들과 대척점에 놓여 있지 않다. 오히려 서로 이어져 있으며 가끔은 우리가 좀 더 높은 수준의 문화를 향유할 수 있도록 조용히 이끈다. 일례로 『추운 나라에서 돌아온 스파이』, 『팅커, 테일러, 솔저, 스파이』와 같은 스파이 소설 작품을 주로 쓴 존 르 카레(John le Carré)는 훌륭한 장르 문학 작가다. 『팅커, 테일러, 솔저, 스파이』는 서양과 소련 사이의 냉전을, 『추운 나라에서 돌아온 스파이』는 국제 무기 거래나 테러리즘을 둘러싼 지저분한 싸움 등 시사성을 띤 문제를 다룬다. 그러나 그의 작품을 통해 역사와 정치 관련 지식을 쌓을 수 있다는 사실이 르 카레의 작품을 추천하는 유일한 이유는 아니다. 그의 소설에는 진정한 문학 작품이 지닌 전형적인 힘이 있다. 그 힘은 등장인물들의 캐릭터에서 나온다. 만화에서나 볼 법한 이분법적인 캐릭터가 아니다. 그의 작품 속 캐릭터는 도덕적으로 모순되고 다차원적인 모습을 지녔다. 만약 작가가 복합적인 문제가 얽히고설키고, 영웅들이 극을 이끌어나가는 유럽 소설의 전통을 인지하지 못했다면 이와 같은 책을 쓰진 못했을 것이다. 그런 점에서 르 카레의 소설들은 스릴러를 좋아하는 독자들이 좀 더 높은 차원의 문학을 접하기에 앞서 연습 삼아 읽기에 더없이 좋은 대상이다.

내가 가장 좋아하는 스릴러 작가는 (존 르 카레도 문학적 스승으로 꼽은 바 있는) 영국의 작가 그레이엄 그린(Graham Greene)이다. 1991년 세상을 떠난 그는 자신의 젊은 시절 작품을 두 가지로 나누었다. 한쪽은 '즐길 거리(Entertainment)'라고 표현한 탐정 소설이고, 다른 한쪽은 '소설(Novel)'이라고 불렀던 보다 뜻깊은 이야기를 다룬 작품이다. 스스로는 두 갈래로 구분했으나, 사실 그린은 매번 자신의 엄청난 능력을 통해 읽기 좋으면서도 의미가 깊은 작품을 남겼다. 그의 저서 가운데 그저 피상적인 탐정 이야기나, 진정한 의미에서 소설이라 부를 만하지만 읽기 힘든 글은 없었다. 쫓는 자에서 쫓기는 자가 된 어느 청부 살인 업자 이야기를 다룬 『권총을

팝니다(A Gun for Sale)』가 그렇다. 책이 주는 재미와 긴장감의 절반은 줄거리와 사건 진행 과정에서 생기지만, 나머지 절반은 읽을수록 살인자에게 동질감을 느끼고 정의가 승리했음에도 마치 패배와 실패의 기분을 맛보게 하는 도덕 기준의 변이에서 생긴다. 그린은 통속물에서 흔히 볼 수 있는 어떤 감상적 요소도 넣지 않은 채, 가해자의 기괴한 행위에서는 인물의 고통으로부터 비롯된 기괴함을 엿보게 하고, 범죄자의 최후에서는 마치 유다에게 배신당한 예수 그리스도의 모습을 이끌어낸다.

그린의 작품에선 무고한 사람들도 범죄자에게 직접 벌을 내림으로써 또 하나의 죄를 짓는다. 이러한 행위를 정당화할 수 있는지는 사실 굉장히 의심스럽다. 그런데 바로 이것이 그린이 극을 이끌어나가는 전형적인 동기로 작용한다. 그린이 각본을 쓰고 캐럴 리드(Carol Reed)가 연출한 걸작 「제3의 사나이」도 마찬가지였다. 배우 오슨 웰스(Orson Welles)가 연기한 주인공 해리 라임은 전쟁이 끝나고 폐허가 된 우울한 빈을 배경으로 활동하는 파렴치한 페니실린 밀매업자다. 그는 친구 홀리 마틴스에게 충분히 그럴만한 이유로 제거당하지만 보는 사람들은 왠지 찜찜한 기분을 맛보게 된다. 보복이 성공을 거두는 해피엔딩에도 배신당했을 때와 다르지 않은 씁쓸한 뒷맛이 남는다.

이처럼 상반된 가치가 공존하는 '즐길 거리'를 실은 책과 영화는 소위 '심각한' 문학에 익숙해지기 위한 완벽한 징검다리가 돼 준다. 재미있는 줄거리 안에 도덕이 있고, 도덕은 허무주의로, 허무주의는 역설적인 믿음으로 이어진다. 어렴풋한 그림자와도 같은 그린과 르 카레의 세계를 잘 헤쳐 나온 사람이라면, 도스토옙스키(Dostoevskii)의 성스러운 범죄자와 영혼을 구원하는 매춘부 이야기, 그 혼란스럽고 가물거리는 윤리적 명암을 다룬 소설을 경험할 채비가 되었다고 볼 수 있다. 도스토옙스키에게 명예를 가져다준 작품『죄와 벌』은 형이상학적으로 대단한 의미를 지닌 이념의 문학이지만, 또 한편으로는 살인과 범죄자에 관한 이야기, 한 편의 스릴러이기도 하다.

교양이라는 세계를 즐기기 위해서 내가 제안하는 두 번째 방법은, 독서 이외에 다양한 미디어와 수단을 이용하여 교양에 접근하는 것이다. 심지어 문학 작품까지도 말이다. 고전과 현대에서 반드시 알아두어야 할 작품을 책이 아닌 다양한 경로를 통해 접하는 것은 전혀 문제가 되지 않는다. 과거에는 연극이라는 수단을 자주 활용했다. 고대 그리스의 비극 시인 소포클레스(Sophocles)의『오이디푸스 왕』부터 셰익스피어와 실러를 거쳐 근현대 작가들에게 이르기까지, 예전에는 서양 문학의 전통을 따르는 많은 작품을 매일 저녁 극장에 앉아 부르주아적으로 편안하게 관람할 수 있었다.

이러한 접근 방식은 현대에 와서 조금 어려워졌다. 연출가가 원작의 틀 안에서 작업하기보다는 기존의 희곡 텍스트를 비판적으로 해석하거나 완전히 반대로 연출하는 레지테아터(Regie-Theater, 연출자 중심의 극)가 새로운 흐름이 되었기 때문이다. 연출가와 극단의 가치를 제대로 알아볼 수 있는 시대가 되었다.

언젠가 시프바우어담(Schiffbauerdamm) 극장에서는 베를리너 앙상블(베를린에서 가장 유명한 극단 중 하나로 베르톨트 브레히트가 설립했다 - 옮긴이)의 원로한 연출가 클라우스 파이만(Claus Peymann)이 고전 희곡 작품을 관습에 따라 책에 적힌 그대로 무대에 올린 적이 있었다. 아니나 다를까 일부 비평가들은 이런 연출 방식을 두고 "연극에 요구되는 지적 기준에 부합하지 않았"으며 "거의 당혹스러울 정도의 졸작"이라는 악평을 쏟아냈다. 반면 많은 독일어 교사들은 파이만의 연출에 감사를 표했다. 그리고 학생들의 손을 잡고 극장으로 향했다. 이들에게는 브레히트 작품을 원문에 가깝게, 최대한 본질에 손대지 않으면서 연출한 공연을 접할 기회가 흔치 않았기 때문이다. 어떤 면에서 이 공연은, 모두가 함께하는 극장에서의 독서인 셈이었다.

지난날 연극이 문학을 위해 맡았던 많은 역할을 오늘날에는 영화가 이어받았다. 텔레비전과 인터넷의 도움도 한몫했다. 문학사에서 제인 오스틴(Jane Austen)만큼이나 미디어의 덕을 본 작가는 없을 것이다. 영국에서 1800년 전후로 활동한 오스틴은 대단한 특권층은 아니지만 제법 상류층에 속하는 여성들의 사랑과 재산, 결혼에 대한 섬세한 소설들을 남겼다. 집필을 막 시작할 때만 해도 오스틴은 자신이 쓴 이야기가 책으로 출판될 수 있을지 확신할 수 없었다고 한다. 그러나 지금은 전 세계에서 존재감을 인정받는 19세기 작가 중 한 명으로 손꼽힌다. 페미니즘에 대한 관심으로 역사 속 여성 작가들이 재평가를 받게 된 데다가, 오스틴의 작품에는 도무지 빠져들지 않을 도리가 없는 전형적인 매력이 있었던 것이다.

『오만과 편견』은 오스틴의 대표작이다. 외부의 요인과 자신의 의지 사이에 고민을 거듭하는 여성들이 등장한다. 이들이 오스틴의 손에서 태어난 지 200년이 지났지만, 지금까지도 영화와 드라마에서 시대의 아이콘으로 재탄생되고 있다. 심지어 이들은 19세기나 20세기 초 부르주아의 독서 시대보다 오늘날 훨씬 더 많은 인기를 누리고 있다. 충분히 그럴 만하다. 오스틴의 작품을 원작으로 한 영화들은 대체로 잘 만들어졌고, 영화를 본 사람들도 원작을 통해 이미 알고 있는 내용을 기꺼이 더 세련되고 풍부하게 만끽한다.

일반적으로 독서는 영화보다 더 고급스러운 취미로 여겨지므로, 독서를 즐길 때는 어쩌면 영화를 즐길 때보다 속물적인 만족감까지 덤으로 얻게 될지도 모른다. 하지만 이런 감정은 내가 이 책에서 강조하는 교양의 효용이 아니다. 교양은 멀티플렉스 영화관이나 넷플릭스에서도 얼마든지 즐길 수 있는 문화재다. 교양의 문턱을 낮추는 이런 방법이야말로 매우 적절하고 주목할 만한 수단이다.

❖ ❖ ❖

교양이라는 세계의 장벽을 낮추는 또 다른 방법은 문화 그 자체를 이해하는 것이다. 문화는 '관계'와 '맥락'이라는 토대를 딛고 서 있다. 작가들은 서로 영향을 주고받고 작품은 다른 작품의 영향을 받는다. 그 발자국을 좇다 보면 의미 있고 흥미로운 또 다른 작품들과 만나게 되는데, 때로는 거기에 담긴 놀라운 시사성도 발견하게 된다.

파키스탄 출신의 영국 작가 카밀라 샴지(Kamila Shamsie)가 2017년에 발간한 『홈 파이어』도 그런 작품이다. 이 소설은 매우 현대적으로 보인다. 다문화 사회와 이슬람 급진주의, 테러리즘, 국가의 역할에 대해 질문을 던진다. 소설에 등장하는 런던 출신의 젊은 무슬림 파베이즈는 이슬람 무장단체 IS에 지원하지만, 각성하고 그곳에서 탈출하던 와중에 살해당하고 만다. 영국 내무부 장관은 파베이즈를 적으로 간주한다. 그의 국적을 박탈하고 장례를 치르기 위해 가족들이 기다리고 있는 런던으로 그의 시신을 운구하지 못하도록 막는다. 파베이즈의 쌍둥이 남매인 아니카는 이 같은 국가이성(혹은 그저 잔혹한 행위)에 대항하며 언론을 움직인다. 그녀는 파키스탄 남부 카라치의 뜨거운 공원에서 아직 땅에 묻히지 못한 시신 옆에 자리를 잡고 시위를 시작한다. 시위 장면은 방송과 스트리밍을 통해 세계 곳곳으로 생중계되고, 현대의 통신 기술과 과거부터 이어져온 가족에 대한 무조건적인 사랑이 더해져 엄청난 폭발력을 지닌 장면으로 탄생한다. 내무부 장관의 모습으로 구체화된 국가 권력과 그의 처벌 권한, 내부 안보에 대한 지나친 관심은 웬만해서는 절대 깨질 리 없는 도덕적 가치와 완벽하게 대립한다.

지금 이 순간 어디선가 일어나는 일을 이야기하는 듯한 이 감동적인 서사는 사실 매우 오래된 이야기에 기반을 두고 있다. 샴지는 고대 아테네 희곡작가 소포클레스의 비극『안티고네』에서 이야기의 틀을 가져왔다. 기원전 442년에 처음 상연한 이 작품은 신화 속 '신과 영웅의 시대'를 배경으로 한다. 주인공 안티고네는 테베의 공주로 죽은 오빠의 시신을 묻었다. 오빠는 테베의 왕이자 자신의 삼촌이기도 한 크레온의 명령을 어기고 테베를 상대로 싸우다가 죽었다. 안티고네는 이 일로 심문을 받게 되지만 자신이 한 일을 후회하지 않는다. 결국 사형을 선고받아 처형당하는 그녀에게는 죽은 가족과 친척에게 예를 갖추는 신성한 권리를 지키는 일이, 통치자의 명령을 따르는 일보다 중요했던 것이다.

『홈 파이어』의 아니카는 현대의 안티고네이며, 파베이즈의 시신을 고향으로 데려오지 못하게 막은 영국의 내무부 장관은 이 시대의 크레온이다. 카밀라 샴지는 고전의 서사를 불러와 현대의 문제에 깊이와 위엄을 더했다. 이로써 그녀는 정치적 논쟁이라는 편협한 시각에서 벗어나 널리 인류라는 맥락에서 자신의 소설을 바라보게 하였다. 독자들에게 이는 단순히 옛것과 새것, 고전과 현대를 연결짓는 일에서 나아가 또 다른 의미를 지닌다. 바로 교양이라는 세계에 다가설 기회다. 독자들은 현실에 맞춰 재해석한 작품의 근원을 찾아보며 고전 텍스트에 한발 더 가까워질 수 있다. 21세기 초 카라치의 아니카와 런던의 내무부 장관은 우리가 테베의 안티고네와 크레온을 이해하도록 돕는다.

소포클레스의 비극은 이 작품을 처음 접하는 이에게 아득한 거리감을 느끼게 한다. 『안티고네』의 등장인물과 극의 배경이 되는 사회질서, 당시 중요하게 생각했던 가치와 믿음은 오늘날의 관점에서 보면 까마득한 옛것으로 느껴져 어디서부터 어떻게 다가가야 할지 막막하기만 하다. 하지만 무슬림 이민자들의 사회를 배경으로 한 현대의 '안티고네'는 이런 낯선 기분을 어느 정도 해소시켜 준다. 저 멀리 떨어져 있던 갈등은 좀 더 가까운 일로 다가온다. 테러에 대항하는 투쟁의 윤리와 무슬림으로서 지켜야 할 도리 사이의 충돌을 읽다 보면, 어쩌면 이 작품이 그토록 안티고네 신화와 잘 들어맞는지 깜짝 놀라게 될 것이다. '인간의 법'과 '신성한 법'이 부딪치는 상황은 소포클레스의 시절과 마찬가지로 피할 수 없으며 조정할 수도 없다. 이 또한 마찬가지로 비극이다. 마치 『안티고네』가 기원전 442년에 아테네 디오니소스 극장에서 초연된 이후, 시간이 조금도 흐르지 않은 것처럼 시의적절하다. 우리는 테베의 공주가 '문학의 골동품'이 아니라 우리와 동시대를 사는 인물이자 모든 시대의 동시대인이 될 수 있다는 것을 깨닫는다. 안티고네는 무엇에도 복종하지 않으면서, 아닌 것은 아니라고 말할 수 있는 용기와 굽히지 않는 양심을 지닌 영원한 영웅이다. 이로써 우리는 붙임성 없는 고전에 한 발짝 더 다가선다.

문예학자들은 작가들이 과거의 대가들과 그들의 작품을 참고하는 행위를 일컬어 '수용(Reception)'이라고 했다. 서양 문화는 그리스와 로마의 작품을 수용하는 경우가 특히 잦았다. (꼭 고대 작가의 작품들만 수용한 것은 아니다.) 작품 속에서 시대를 초월한 연결고리를 찾고 여기서 자극을 얻으며 새로운 작품을 발굴해 나가는 과정은 개인의 교양 세계를 확장하는 가장 좋은 방법이다.

특히 전설적인 『안티고네』와 같이 대작에 등장하는 인물들은 언제나 모든 방식의 변화와 패러디 그리고 비판에 열려 있다. 호메로스의 작품 속 무적의 아킬레우스나 교활한 오디세우스, 매혹적인 헬레네, 용감한 헥토르, 트로이의 불운한 왕 프리아모스까지 문화의 뿌리가 되고 바탕이 되는 이야기는 수백 년 동안 문학과 예술을 통해 전해지고, 풍부해지고, 변이되고, 재평가되었다. 「아름다운 헬레네」는 작곡가 자크 오펜바흐(Jacques Offenbach)의 오페레타에서 익살스러운 모습으로, 술수에 능한 오디세우스는 제임스 조이스(James Joyce)의 소설 『율리시스』에서 1904년 더블린에 사는 광고업자로 다시 태어났다. 그리고 이러한 유연성과 내구성 덕분에 위대한 작품과 그 작품 속 인물들은 불멸의 삶을 살게 된다.

그러므로 모든 시대의 시인, 화가, 조각가, 음악가와 같은 창작가들뿐만 아니라 소비자인 우리에게도 문화에 발을 들여놓고 참여할 기회는 무궁무진하다. 호기심이 있는 사람이라면 교양이라는 세계에 들어와 스스로 미로를 헤쳐 나가며 그 길에서 끊임없이 다양한 형태로 탈바꿈하며 다시 모습을 드러내는, 익숙하고 친밀한 인물들과 만나게 될 것이다.

이는 마지막 조언과도 이어지는 내용이다. (따지고 보면 이 방법은 지금까지 이야기한 내용을 일반화한 것이나 다름없다.) 교양에 발을 들일 때 자신이 이미 가지고 있는 것, 이미 알고 있거나 좋아하는 것에서 시작하라는 제안이다. 사전 지식, 원래의 취향, 지인의 추천작, 그도 아니라면 우연히 마주치거나 발견한 대상도 좋다. 어떤 작품이나 작가, 예술가와 인연이 닿았다면 거기서부터 출발하는 것이다. 우리는 생각보다 자주 의미 있는 작품과 마주하게 된다.

교양은 기록을 경신해야 하는 스포츠도 아니고, 전문가나 머리 좋은 사람들만 다룰 수 있는 대상도 아니다. 그랬다면 애초에 일반 교양이라고 부르지도 않았을 것이다. 교양에 접근하는 데 걸림돌이 있다면 이는 당신의 이해력 탓이 아니라 교양과 자신 사이에 연관성을 찾지 못해서다. 이것이 대체 나와 무슨 상관이 있을까? 이 대상이 나에게 의미하는 바는 무엇일까? 어떻게 해서 내 눈에 띄게 되었을까? 내가 이 관계를 어떻게 해석할 수 있을까?

친구들의 추천은 그래서 매우 중요하다. 취향과 판단을 신뢰할 만한 유명 인사들의 추천도 마찬가지다. 진정한 독서 애호가인 버락 오바마(Barack Obama)가 정기적으로 공개하는 독서 목록은 높은 정확도와 효율성을 자랑하는 국제적인 책 광고다. 자신이 좋아하고 인정하는 작가나 사상가가 어떤 작가와 철학자를 좋아하는지 살펴보는 것도 도움이 된다. 이러한 방식으로 조사하다 보면 마음에 드는 책을 발견할 확률이 높다.

설령 이런 방식을 통해 발견한 책이 너무 어려울지라도, 혹여 작가가 우리를 지치게 만들지라도, 내가 신뢰하고 좋아하는 사람이 추천한 대상이라면 쉽게 포기하지는 않을 것이다. 그 안에 분명 무언가 흥미로운 면이 있으리라는 확신을 갖게 되기 때문이다. 나의 경우에는 내가 가장 좋아하는 스릴러 소설을 쓴 그레이엄 그린을 통해 미국 출신의 영국 작가 헨리 제임스(Henry James)를 알게 되었다.

제임스는 난해함의 끝을 보여주는 작가다. 그의 괴팍한 문체는 그린의 간명하고 흥미로운 화법과 극명하게 대비됐다. 제임스의 책을 읽는 내내 괴로워하고 욕도 했지만 제임스를 존경했다는 그린이 감동을 보증했다. 그린의 문학적 영웅이라면 나를 실망시키지 않으리라는 확신이 있었다. 나는 포기하지 않았고, 마침내 제임스의 기괴한 문장들이 조금씩 감동을 주기 시작했다.

여행 또한 한 개인의 경험과 체험을 통해 문화적으로 확장하기에 더없이 좋은 기회다. 설령 미술관과 성당을 방문하지 않는다고 해도 말이다. 가볍게 떠난 미국 여행에서도 단지 미국인의 영역에 발을 들였다는 이유만으로 링컨이나 루스벨트 또는 민권 운동에 관한 책에 관심이 생길지도 모른다. 마술 같은 얘기처럼 들릴지도 모르겠지만 실제로 일어나는 일들이다. 아무리 지독하고 복잡한 이론가라고 해도 그의 생가를 방문하거나 그가 묻힌 묘지 앞에 서보았다면 그 인물이 매우 친숙하게 느껴질 수밖에 없다. 우리의 시야를 넓히는 데 가장 필요한 것은 이해력을 늘리려는 노력이 아니다. 우리와 교양 사이를 이어줄 연결고리를 찾는 시도다.

직장에 제출할 현장 보고서를 작성하기 위해 난생처음 일본에 방문했을 때였다. 나는 일본 문학에도 얼마간 관심이 있었지만 일본 작가들은 전부 생소하기만 했다. 널리 알려진 걸작들만 추려보아도 너무 방대해서 무엇부터 읽어야 할지 갈피를 잡지 못했다. 하루는 일본의 역사 정책과 제2차 세계대전 당시의 행위를 그들은 어떻게 기억하는지 조사하기 위하여 도쿄의 한 카페에서 현지인과 만날 기회가 있었다. 그는 학교 선생님이었다. 대화를 마무리할 때쯤 그는 자신이 가지고 다니던 메모장에 무언가를 적어서 나에게 건넸다. 종이에는 어떤 표어나 구호처럼 "나는 고양이로소이다"라는 문구가 쓰여 있었다. 이게 무슨 뜻이냐고 묻자 그는 가장 좋아하는 작가 나쓰메 소세키의 책 제목이라고 답했다. 나는 그제야 내가 제일 먼저 읽어야 할 일본 문학이 무엇인지 발견할 수 있었다. 현대의 거장 나쓰메 소세키는 나에게 일본 문학사의 길을 안내하는 작가가 되었고 나는 첫 작가로 그를 선택한 것을 단 한 번도 후회하지 않았다.

교양은 증축과 확장의 과정이다. 교양 있다는 것은 가장 중요한 사실을 이미 알고 있다는 뜻이 아니다. 외부의 기대에 부응해야 한다는 것을 의미하지도 않는다. 누구에게나 동일하게 적용되는 기준은 없으며, 이는 정해진 목록을 채워나가는 과정도 아니다. 교양을 쌓는 여정은 저마다 다르다. 각자 자신의 것이라고 느껴지거나 끌리는 데서부터 시작해야 한다. 가끔은 그저 내가 도쿄에서 경험한 것처럼 우연한 계기로 시작해 볼 수도 있다. 거기서부터 출발해서 잘 알려지지 않은 곳까지, 어쩌면 불편하고 환영받지 못하는 곳까지 더 깊게 파고들면서 확장해 나가면 된다.

누구나 자신의 삶 속에 출발점이 있다. 사춘기 시절 외로움을 달래주던 책, 잊을 수 없는 추억과 관련된 음악, 뉴스에서 실업률을 이야기할 때 떠오르는 생각이나, 어느 술집 구석에서 우연히 들은 이야기까지. 자신을 사로잡은 것이 무엇이든 거기에서 출발해야 한다. 계속 읽고, 계속 사고하고, 계속 행동하면서 더해가야 한다. 그것이 바로 교양이라는 단어에 '쌓는다'라는 표현이 가장 잘 어울리는 이유다.

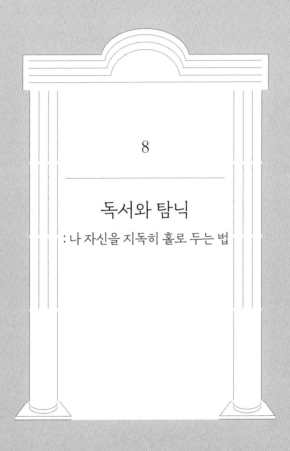

8

독서와 탐닉

: 나 자신을 지독히 홀로 두는 법

"혼자 있는 시간에

현실의 유혹을 뿌리칠 내면의 자유를 찾으면

뒷일은 저절로 해결된다."

이번에는 책을 친구로 만드는 방법에 집중해 보자. 사실 내가 독서를 주제로 한 글을 써도 되는지 잘 모르겠다. 독서를 좋아하지 않아서가 아니라 독서를 지나치게 사랑하는 사람이라 객관성을 보장할 수 없기 때문이다. 내가 기억하는 한 나는 줄곧 책벌레였다. 과장을 조금 보태자면 도서관의 목재 기둥에 서식하는 책벌레였다. ('책벌레 중의 책벌레' 같은 삶이다.) 백색소음이 들리는 카페에 앉아 세상에는 오로지 책과 나만 존재한다는 마음으로 책장을 넘기다 보면, 교육자 출신인 친척조차도 불편한 기색을 내비칠 정도였다. 하지만 실제로도 나에게는 책 이외의 삶은 존재하지 않았다.

나는 오랫동안, 그리고 변함없이 종류를 가리지 않고 수많은 책을 읽어왔다. 어떤 사람은 소설을 즐겨 읽지만 시집은 좀처럼 꺼내 들지 않고, 또 어떤 사람은 부를 얻는 방법과 인공지능에 관해 탐독하기를 좋아하지만 역사 전기는 통 펼치지 않는다. 또 누군가는 자신의 직업과 취미를 위해서, 혹은 다음에 갈 여행지를 공부하기 위해서 책을 펼친다. 그런데 나는 읽고 있는 책의 분야가 무엇이건 독서라는 행위 자체가 다른 무엇과도 견줄 수 없는 매혹적인 일이자 삶의 형식이라고 생각한다. 이는 비단 독서라는 행위 자체에 국한된 이야기는 아니다. 책이라는 사물 역시 그러하다. 집 안 곳곳에서 나를 둘러싸고 있는 책들은 마치 종이로 만들어진 가족이나 친구처럼 느껴지기도 한다. 나는 이 종이 친구들을 너무 많이 사들인 나머지 책장의 칸칸마다 두 겹씩 겹쳐서 꽂아놓았다. 실은 그것도 모자라서 바닥에도 책이 쌓이고 있다. 기분이 언짢은 날 아내는 이 '책 버섯'들을 가리키며 내게 핀잔을 준다. 책 더미가 버섯처럼 곳곳에서 자라는 바람에 거실을 제대로 활용하지 못할 지경이라는 푸념이다.

이처럼 나는 독서와 책에 관해서라면 그 어떤 주제와 비교해도 편파적이다. 조금 식상한 말이기는 해도, 독서가 영혼을 살찌우고 지식과 사고의 세계로 우리를 데려다주는 마법의 양탄자라는 건 꾸며낸 이야기가 아니기 때문이다. 독서는 시공간을 넘나들게 해주며 과거를 현재로, 먼 미래를 지금 시점으로 데려다준다.

종종 독서의 어려움은 과대평가되기도 한다. 모든 문학이 보통 사람들이 읽기에 어렵게 쓰였을 리는 없다. 19세기에 활동한 프랑스 작가 기 드 모파상(Guy de Maupassant)이나 20세기 초 영국 작가 윌리엄 서머싯 몸(William Somerset Maugham)이 쓴 단편들은 각자의 장르에서 위대한 고전으로 꼽히면서도 신문에서 흔히 접할 수 있는 르포나 웹사이트에 실린 글처럼 읽기에 편하다. 이 작품들은 흥미롭고 감동적이며 우리에게 생각할 거리를 던져준다. 벅차오른 마음으로 마지막 책장을 덮기까지 그렇게 오랜 시간이 걸리는 것도 아니다. 공포 영화를 즐겨 본 사람이라면 후기 낭만주의 시대 작가인 에른스트 테오도어 아마데우스 호프만(E.T.A. Hoffmann)이나 에드거 앨런 포(Edgar Allan Poe)의 이야기를 자주 접할 수 있겠다. 어쩌면 괴테의 연시를 이해하는 것보다 데이비드 보위나 레너드 코헨(Leonard Cohen)의 복잡한 음악을 이해하는 데 더 높은 집중력이 필요할 수도 있다.

물론 전문가를 대상으로 쓴 것처럼 매우 전위적인 형식을 띤 문학도 있다. 하지만 톨스토이나 도스토옙스키의 소설처럼 오랜 시간 많은 이에게 사랑받아 온 영향력 있는 작품들은 그렇지 않다. 그들의 작품은 모두 비전문가들도 쉽게 이해하고 접근할 수 있도록 쓰였다. 우리 중 대다수가 직장에서 읽게 될 회의록에 비하면, 존 로크(John Locke)나 알렉시 드 토크빌(Alexis de Tocqueville)이 남긴 철학적 사고를 이해하는 데 특별히 더 대단한 노력이 필요한 것도 아니다. 하지만 로크나 토크빌의 책은 회사에서 읽는 서류보다 분명 더 다양한 지식을 쌓게 하며, 영혼의 깊은 울림을 경험하게 한다.

그런데도 책을 읽다가 이해하기 어려운 구절을 만난다면 어떻게 해야 할까? 이를 극복하는 간단한 방법이 있다. 대학교 첫 학기에 들었던 철학 강의에서 교수님이 알려준 방법이다. 그는 헤겔의『정신현상학』을 교재로 쥐여주면서 이를 독파할 수 있는 방법까지 알려주었다. 헤겔의 책은 정말 읽기에 까다롭다. 마찬가지로 몇몇 철학자의 책들은 한눈에 보기에도 접근하기가 만만치 않다. 그들이 사용하는 전문용어는 마치 많은 비밀을 품고 있는 듯하다. 말하자면 개념적이고 은유적인 외국어를 사용하는 것과 마찬가지인 셈이다. 개중에는 저자의 개인적인 특성이나 문체를 파악하고 나면 크게 노력하지 않아도 이해할 수 있는 경우도 있다. 기이한 수수께끼 같은 문체로 악명이 높은 철학자 마르틴 하이데거(Martin Heidegger)의 글이 그렇다. 그가 쓴 글은 비교적 간단하게 (크게 의미가 변하거나 상실되지 않게) 어느 나라의 언어로든 번역할 수 있다. 하지만 안타깝게도 헤겔의 글은 다르다.

헤겔은 실제로도 불명확하고 복잡한 글을 썼다. 가끔은 나도 짧은 단락 하나를 붙잡고 오랜 시간 씨름하면서 만족스러운 해석을 얻지 못했다. 이러한 위기가 닥쳤을 때 교수님이 알려준 비책은 이랬다. "계속 읽으세요. 그냥 계속 읽어요." 이해가 되지 않는 부분에서 멈추지 않고 계속해서 책을 읽다 보면, 이따금 그다음 문장이나 그다음 페이지의 어느 단락에서 이전에 걸렸던 문장에 조명이 켜질 때가 있다. 물론 많은 글들이 앞서 나온 문장을 바탕으로 뒤에 나오는 내용을 이해하도록 서술돼 있다. 하지만 때로는 그 반대의 경우도 있다. A부터 Z까지 서사가 일직선으로 흐르는 것이 아니라, 오히려 중간중간 글의 방향이 바뀌고 항상 앞을 내다보는 것이 아닌 지나온 길로 되돌아가기도 한다. 그런 의미에서 글이라는 건 구불구불한 곡선에 가깝다. 처음에 읽을 때는 한 번에 이해되지 않던 구간도 계속해서 읽다 보면 다른 단락이 그 수수께끼를 풀어주기도 한다.

독서는 생각보다 어려울 때도 있다. 1936년 6월 1일, 한 저명한 평론가는 BBC 라디오에 나와 이렇게 말했다. "법에 규정된 대로 우리는 모두 읽는 법을 배웁니다. 경찰 수사관들은 때때로 글을 읽을 줄 모르는 증인들을 보면서 충격을 받습니다. 하지만 실제로는 매우 많은 사람이, 심지어 고등교육을 받고 전문직에 종사하는 이들조차 가끔은 읽을 때 어려움을 느낍니다. 제 말은 그들조차도 천천히 노력을 하고 애를 써야 글을 읽을 수 있다는 뜻입니다. 숨을 쉬듯 글을 쉽게 읽지는 못한다는 말입니다."

라디오 방송에서 자국민의 빈약한 독서 능력에 대해 한탄하던 평론가는 존 메이너드 케인스(John Maynard Keynes)였다. 20세기뿐만 아니라 역사상 가장 영향력 있는 경제학자로 꼽히는 케인스는 1930년대 경제학을 넘어 경제정책 분야에서도 혁명을 일으켰다. 경제활동에 국가가 적극적으로 개입하면서 경제 위기가 닥치면 투자와 확장정책을 펼쳐야 한다는 생각은 그에게서 비롯됐다. 케인스의 아이디어는 오늘날까지도 논쟁거리가 되지만, 그의 사회자유주의적 사고는 분명히 현대 복지국가 건설에 크게 기여했다. 케인스는 또한 그저 경제학자로만 소개할 수 있는 인물이 아니었다. 그는 모든 분야에서 뛰어난 능력을 보인 르네상스 인간이었으며 문화적으로도 다방면에 소질이 있는 천재 중의 천재였다. 예술품 수집, 투자, 대학 경영, 외교, 금융정책 분야에서 활동했으며 동성애자로서 화려한 모험의 시기를 보내다가 러시아의 발레리나와 결혼한 뒤 행복하게 살던 보헤미안이었다. 아울러 1936년 6월 방송된 「독서에 대하여」와 같이, 당시만 해도 꽤 새로운 매체였던 라디오에 출연해 공적인 자리에서 목소리를 내는 지식인이기도 했다.

라디오 연설에서 케인스는 독자에게 기대하는 바를 명확하게 이야기했다. 그가 제시한 이상적인 독서는 숨 쉬듯 당연한 일처럼 애쓰지 않고 읽는 것이다. 어쩌면 케인스는 다른 사람들이 책

성숙한 생각은 어떻게 만들어지는가

을 읽을 때 느끼는 어려움을 짐작하거나 공감하기 어려워했을지도 모른다. (나는 사실 케인스와 같은 입장이기에 그가 말한 의도를 정확하게 이해할 수 있다.) 그래서 모두가 그의 의견에 동의하지는 않을 것이다. (책 버섯에 둘러싸여 사는 나의 아내는 케인스의 호흡 이론을 별로 좋아하지 않는다.) 책 읽는 데 어려움을 느끼는 것이 마치 신체적으로 문제가 있다는 식으로 묘사되면서, 자칫하면 듣는 이에게 기초 생활기능을 수행하지 못한다는 느낌이 들게 할 수도 있다.

　케인스는 자신의 엘리트적인 태도에 사람들이 이의를 제기할 수 있다는 걸 이미 눈치챈 모양이다. 독서를 호흡에 비유하는 발언을 하고 난 뒤, 그는 재빠르게 실제로 적용 가능한 조언들을 덧붙였다. 조언은 대체로 인간적이고 현실적이었다. 케인스는 당대에 발표되었던 야심 찬 소설들을 뒤로 제쳐놓고 회고록이나 탐정소설을 추천했다. 그리고 독자에게는 수많은 출판물이 쏟아지는 상황에 끌려다니며 힘겨워하지 말고 그 안에서 자유롭고 주체적으로 움직이라고 당부했다. 책 내용이 자신의 마음을 사로잡지 못하거나 감동을 주지 않는다면, 거리낌 없이 책장을 덮어버리라고도 했다. 현직 기자인 나로서는 가슴 아픈 표현이지만, 케인스는 신문을 가리키며 "내용을 읽지 않고 뛰어넘는 법을 연습할 수 있는 가장 좋은 수단"이라고 표현했다. 또한 "자신의 시간을 낭비하고 싶지 않다면 모든 독자는 이 요령을 잘 익혀둘 것"이라고 당부했다.

케인스는 비생산적인 독서는 중단하라고 말했다. 읽던 책을 끝까지 놓지 않는 것은 기품 있는 자세일지도 모르지만, 쓸모없거나 자신과 맞지 않는 책의 끝을 보겠다고 스스로를 혹사하기에는 인생이 너무 짧고 재미있는 책은 너무 많다는 것이다. 나의 어머니도 자신이 주장하는 '책에 대한 충성' 원칙에 따라 한번 읽기 시작한 책은 반드시 끝을 봐야만 직성이 풀렸다. 그러나 여든을 넘기면서 그 원칙이 조금씩 어긋나기 시작했다. 요즘에는 읽던 책이 실망스러우면 다 읽지 않고 책장을 덮으신다. 마음을 바꾼 이유는 묻지 않았지만, 이제는 시간이 너무 소중해서가 아닌가 하고 추측해 본다.

좋은 독자는 자의식과 자신감을 가진 독자다. 독자의 자신감은 수많은 종류의 출판물을 꾸준히 접하고 책에 익숙해지면서 자연스럽게 생겨난다. 책을 읽지 않더라도, 책의 세계에 빠져드는 것은 중요하다. 케인스는 청취자들에게 말했다. "독자는 책 '그 자체'를 전반적으로 폭넓게 알아가야 한다. 모든 감각을 동원해서 책을 접해야 한다. 촉감은 어떠한지, 책에서 어떤 냄새가 나는지 알아야 한다. 손에 쥐는 법, 책장을 스르륵 넘기면서 몇 초 동안 책의 첫인상을 파악하는 방법을 배워야 한다. 실제로 읽게 되는 양보다 열 배는 더 많은 수천 권의 도서를 만져보아야 한다. 목동이 양을 훑어보듯이 책을 둘러보고, 가축 상인이 내다 팔 가축을 파악하듯이 재빠르면서도 예민한 시선을 유지해야 한다. 실제로 자신이 읽는 책보다 많은 양의 책과 함께 살아야 하며, 읽지는 않았어도 전반적인 특성이나 내용을 아는 책들을 그림자처럼 곁에 두어야 한다.”

책에 대한 시가(詩歌)를 듣다 보면 무섭게 퍼져나가는 나의 책버섯이 떠오른다. 나는 기술 비관론자도, 종이 탐미주의자도 아니며, 누군가가 태블릿이나 스마트폰으로 책을 읽는다고 해서 바람직하지 않다고 보지도 않는다. 아름다운 책이나 희귀본을 무조건 소장해야 한다고 보는 사람도 아니다. 실제로 나의 서가에 꽂힌 책 대부분은 흔한 문고판이다. 그럼에도 케인스의 의견에 깊이 공감한다. 책은 ‘그 자체’로 실질적이며 교육적으로 고유한 의미를 지닌다는 점, 한 사람의 정신을 담는 데 물질적으로 특별히 유용한 수단이라는 점 말이다.

인쇄되고 제본된 말, 즉 책의 형태를 띤 말은 물성 자체가 다루기 쉽고 접근하기 좋아서 자연스러운 접촉을 만들어낸다. 내용을 본격적으로 탐구하기 전부터 책과 어느 정도 관계를 형성하게 된다는 의미다. 케인스가 열성적으로 이야기했던 ‘책장을 넘기고 관찰한다’는 말의 의미는 이런 것이다. 인쇄된 책은 대상을 알지 못하는 상태와 알게 되는 시점 사이에 자연스러운 과도기를 거친

다. 책을 가까이에 두다 보면 그들 중 무언가가 우리에게로 스며
드는 상황이 분명히 생긴다. 읽지 않고 서가에 꽂아둔 책을 친구
가 우연히 집어 들 수도 있고, 그 책에 대해 이미 알고 있던 친구
가 이에 대한 대화의 물꼬를 틀 수도 있다. 펼쳐보기도 전부터 책
에 대한 경험이 쌓이는 셈이다. 물론 책이라는 건 우리가 읽어야
만 우리에게 말을 걸어온다. 하지만 책이 침묵하고 있을 때도 비
밀스럽고 예측하지 못한 방식으로 책의 존재감이 느껴질 때가 있
다. 단지 데이터 파일로 묶어둔 글에서는 이런 교감을 기대할 수
없다.

책과의 거리를 좁히기 위해 케인스는 이런 말을 했다. "기차역
매표소와 서점은 다르다. 기차역 매표소는 목적지를 정해두고 찾
아가는 곳이지만, 서점은 아무런 결정을 내리지 않고 일단 들어
서야 한다. 다소 멍한 상태에서 진열된 책 위로 시선이 자유롭게
떠다니도록 내버려 두어야 한다. 호기심이 발길을 이끄는 대로,
서점에서 다른 서점으로 옮겨 다니며 시간을 보내는 오후의 즐거
움이란! 서점을 이런 방식으로 이용하는 데 부끄러움이나 죄책감
을 느낄 필요는 없다. 서점은 이런 즐거움을 제공하기 위해 존재
하는 장소다. 서점 주인들은 대부분 이 구경 행위의 끝을 알면서
도 우리를 환영한다." 온라인 구매가 대유행하는 시대에 서점을
방문하는 것을 고리타분하다고 생각하는 사람들은, 최근 몇 년

성숙한 생각은 어떻게 만들어지는가

사이에 베를린에서 힙스터들이 모여 사는 지역으로 발돋움한 프렌츠라우어 베르크(Prenzlauer Berg)의 작은 서점들을 돌다 보면 쉽게 답을 찾을 수 있을 것이다.

❖ ❖ ❖

케인스의 독서 접근법에서 특히나 달가운 부분은 교육과 관련한 측면을 강조하지 않는다는 점이다. 독서는 암기 공부가 아니다. 하지만 문체가 난해하거나 높은 지적 능력이 요구되는 책이라면 읽는 게 일처럼 느껴질 수도 있다. 그럴 때 문제가 생긴다. 사실 집중력과 노력이 요구되는 독서는 낯설지 않은데, 우리는 중·고등학교와 대학교를 다니며 책을 어렵게 읽어낸 경험이 있다. 하지만 독서는 마땅히 휴식의 영역으로 여겨져 긴장을 푼 상태에서 즐길 수 있어야 한다.

일상에서 그 무엇으로부터 방해받지 않고 책에만 몰두할 시간을 갖기가 어려운 것도 사실이다. 대개는 특별한 일이 없을 때, 누구도 방해하지 않을 때 그제서야 책을 집어 든다. 기차에 탔거나 넷플릭스에서 이미 볼 만한 것은 다 봤을 때, 친한 지인이 놀러 와서 같이 한잔하려던 약속이 갑자기 취소됐을 때처럼 말이다. 하지만 정말 집중해서 책을 읽고 싶다면 먼저 독서하기 위한 공간과 여유를 만들어두어야 한다. 텔레비전을 끄고, 방해 요소는 멀리 치워두려는 노력이 필요하다. 이는 다소 혁명적인 자기 관리가 필요한 일인데, 기존의 우선순위를 획기적으로 뒤엎는 과정이 요구되기 때문이다. 책을 제대로 읽으려면 사회적 활동으로부터 차단된 시간이 필요하다. 차한 잔과 함께 책 읽기 좋은 자리, 분위기를 돋우면서도 몰입을 방해하지 않는 음악을 준비하는 등 의식을 치르는 것과 같은 사전 준비가 필요할 수 있다. 독서에 집중할 기회와 환경은 저절로 만들어지는 것이 아니라 연출해야 한다.

가끔은 책을 읽다가 펜을 들어야 할 때도 있다. 나는 책 모퉁이가 메모로 뒤덮여 있는 걸 끔찍하게 싫어한다. 하지만 메모는 복잡한 내용이나 의견을 정리할 때 아주 유용하다. 혹자는 메모를 하느라 책 읽는 속도가 느려진다고 생각하지만, 메모를 하면 책 읽기가 쉬워지므로 속도가 더 빨라지기도 한다. 이해하기 어려운 단락 옆에 물음표를 적어두면 내용을 억지로 이해하려는 부담스러운 과정을 뒤로 미룰 수 있다. 이렇게 하면 같은 단락에서 계속 맴돌 필요 없이 독서를 이어갈 수 있다. 나중에 다시 찾아보기도 쉽다. 이는 심리상담사들이 이용하는 방법이다. 상담사들은 종종 의뢰인에게 생각하면 괴롭고 현재로서는 해결하기 어려운 문제를 종이에 적어두라고 조언한다. 그때부터 문제는 일종의 수면 상태에 접어들어 의뢰인의 에너지를 빼앗지 않는다. 우리를 곤란하게 만드는 글 옆에 적어둔 메모도 이와 같은 기능을 한다.

토마스 만의 소설이나 테오도르 아도르노의 이론서와 같이 몹시 난해한 책을 돌파하려면 책 모퉁이 곳곳에 남기는 메모로는 부족하다. 이럴 때는 책에 대한 분석과 감상을 기록하는 독서 일기가 도움이 된다. 독서 일기에는 인용구를 적어두기도 하고 다른 책에서 조사한 내용을 덧붙이기도 한다. 각 장의 내용을 요약해서 적어두거나 주관적인 내용을 담기도 한다. 책을 읽으면서 경험한 감정의 기복이나 이와 관련한 자신의 경험에 대해 적어볼 수도 있다. 몇 주째 읽고 있는 책이라면 그동안 겪은 일이나 독서하면서 떠올랐던 새로운 생각을 적어두어도 좋겠다. 읽기가 쉽지 않은 두꺼운 책을 완독하는 건 큰마음을 먹고 시도해야 하는 일이어서 (마치 모험이나 여행, 새로 사귄 친구와의 관계 형성, 업무상 수행해야 하는 큰 프로젝트와 비슷한 면이 있다) 그 과정에서 일어나는 일들을 누군가에게 이야기하듯 적다 보면 명확하게 정리되기도 한다.

독서 감상을 적을 때는 그 내용이 전부 정확하거나 뛰어나야 하는 것은 아니다. 그보다 중요한 것은 독자가 수동적인 태도에 머물지 않는 것이다. 수동성은 기록과 책 문화가 갖는 전형적인 단점이다. 책을 읽는 주체는 계속해서 응시해야 하는 처지인 데다가, 책은 권위적이고 일방향이며 정적인 특징이 있다. (이러한 면에서 상호작용이 이루어지는 인터넷은 확실한 장점을 갖는다.) 책도 우리에게 말을 걸기는 하지만 적힌 내용만을 반복할 뿐이다. 독자의 이야기를 들어줄 수도 없고 우리에게 대답해 줄 수도 없다. 책은 오로지 독백만 할 수 있다. 마치 지난날 능력이 부족했던 교사들이 침묵하는 학생을 대상으로 수업하던 모습처럼 말이다.

조용한 아이였던 나에게는 책이 집중력을 요하는 정적 상태를 강요한다는 사실이 크게 문제되지 않았다. 책 읽기를 어려워하는 사람들은 이 부분에서 알레르기 반응을 일으킨다. 나의 아내는 내가 추천한 독서 일기의 도움을 받으려고 하지 않는다. 그렇게까지 하는 건 매우 번거롭고 과장된 행동이라고 생각하는 것이다. 아내가 선호하는 방식은 '대화를 통한 사고'다. 우리 집에서 대화를 통한 사고는 아내와 나 사이의 암호 같은 말인데, '나는 이 작가와 충분히 오랜 시간 동안 홀로 대적했으니 이제는 여기에 관해서 같이 좀 이야기해 보자.'라는 의미를 담고 있다. 이해되지 않는 책과 혼자 사투를 벌이려면 너무 외로우니, 지적인 대화로 부담을 나눠 갖자는 뜻이다.

하루는 아내가 아침을 먹다가 '대화를 통한 사고'를 요청한 적이 있다. 솔직히 말해 나는 이 요구가 가끔은 부당하게 느껴진다. 누구라도 자발적으로는 집어 들지 않을 책에 관해 아내와 어려운 토론을 벌이고 싶진 않을 것이다. 하지만 그 어려움을 대화로 풀어가려는 시도가 잘못되었다고는 할 수 없다. 뛰어난 학자 중에서도 은둔자처럼 침묵 속에서 홀로 글을 소비하는 행위에 의구심을 표현한 사

람이 있었다. 나는 그에 대해 잘 알고 있는 고대 어문학 전공자로서,
사실은 독서에 대해 불만을 제기한 사람 중에도 존경할 만한 본보기
가 있음을 아내에게 털어놓지 않을 수 없었다.

이 주제를 공론화한 사람은 서양의 철학자 플라톤이다. 그는 자
신의 저서 『파이드로스』에서 스승 소크라테스와 소크라테스의 작품
속에 등장하는 거의 모든 영웅들, 모범적인 현인들에 대해 자신이
가지고 있던 의혹을 제기했다. 플라톤은 신화를 언급한다. 그러면서
수학과 천문학, 보드게임을 발명했다고 알려진 이집트의 신 토트가
문자와 그 활용법을 처음 생각해 낸 당시를 거론한다.

토트는 타모스 왕 앞에서 자신이 발명한 문자를 자랑스럽게 선
보였다. 그러나 타모스는 별다른 감흥을 보이지 않았다. 기록을 하
면 모든 내용을 기억할 필요가 없어져서 사람들은 결국 더 멍청해지
지 않을까? 종이와 책의 세계에 살면 누구나 다양한 지식을 얕게 얻
을 수 있으므로 한 분야를 뿌리부터 깊이 이해하거나 통달한 사람은
사라지지 않을까? 모두가 피상적인 지식만 갖게 되는 것은 아닐까?
마치 현대사회의 문제인 '정보의 홍수'를 미리 걱정하는 듯한 말로
들린다.

플라톤은 글쓰기 문화에 부족함이 있다고 보았다. 심지어는 글
을 병적인 소통 형태라고 생각했다. 그는 글쓰기를 회화와 비교하면
서 자신의 의견을 분명히 밝혔다. "예술 작품도 생명력을 지닌 것처

럼 그 자리에 있지만, 작품들은 무언가를 질문해도 위엄 있게 침묵만 유지할 뿐이다. 기록으로 남은 누군가의 견해도 마찬가지다. 그것들이 마치 글을 읽는 이에게 말을 건넨다고 생각할 수 있지만, 실상은 글을 읽고 이해한 사람들이 학습 욕구를 내뿜으며 물음을 던져 봐도 같은 말만 되풀이할 뿐이다." 플라톤에 따르면 글은 글이 읽히는 정황과 주위의 환경을 제어할 수 없다. "한번 기록되고 나면 그 주장은 내용을 이해하는 사람뿐 아니라 내용과 맞지 않는 사람들 사이에서도 굴러다닌다. 글은 자신이 어떤 사람들에게 말을 걸고 어떤 사람들에게는 말을 걸지 말아야 할지를 모른다. 그러다 그릇된 대우를 받거나 부당한 비판이라도 받는 날엔 필히 그 글을 적은 사람에게 도움을 받아야 한다. 글 자체로는 자신을 변호할 힘도, 스스로를 구할 능력도 없기 때문이다."

플라톤은 자신이 생각하기에 가장 이상적인 지식의 습득과 전달 방법은 따로 있다고 제시했다. 바로 대화를 통한 학습과 가르침의 과정이다. 참여자는 대화를 통해 논증을 내면화하고 자신의 것으로 만들어 이를 옹호하고 발전시키며 변화를 꾀할 수 있다. 플라톤의 관점에 따르면 그리스어로 단어와 언어, 의미, 이성 등을 표현하는 '로고스(logos)'는 그 어원이 '말하다'인데, 이는 문자로 고정하거나 저장할 수 있는 대상이 아니다. "로고스는 깨달음을 통해 학습자의 정신에 각인되며, 이러한 상태에 이르렀을 때야 비로소 자신을 옹호할 능력이 생기고, 이야기할 대상과 침묵해야 할 대상을 제대로 구분할 수 있다."앎과 지식이란 필요할 때 꺼내 쓸 수 있는 문장의 형태가 아니라, 일단 생각을 수용하고 처리한 뒤 그에 관해서 스스로나 다른 사람에게 설명할 수 있을 때 비로소 축적되었다고 말할 수 있는 것이다. 오직 대화로 교류를 할 때만 가능하다. 책에 담긴 생각은 죽은 생각이며, 생각은 사람 안에서만 살아가고 그 사이에서만 혼을 지닌다.

이런 배경을 이해하고 나면 왜 플라톤이 대화 형식으로 자신의 철학을 담았는지 이해할 수 있다. 오가는 문답, 명제와 반명제로 이루어진 기록의 형태는 생각의 본질을 구성하는 변증법적 유동성을 직감으로나마 파악하게 한다. 아울러 플라톤이 수업(아카데미아) 시간에 학생들과 함께하는 사색은 그토록 중요시하면서, 왜 자신의 철학적 저술은 그저 놀잇감 정도로만 삼았는지 이해할 수 있다. '모든 철학자 중 가장 위대한 철학자'인 플라톤의 관점에 따르면 철학은 결코 책으로 배울 수 없다. 엄밀히 말하면 철학은 어떻게 해도 배울 수 없다. '철학하기(Philosophieren)'만을 배울 뿐이다.

플라톤은 쓰기 문화를 비판함으로써 미디어 이론과 미디어 비평의 기초를 세웠다. 그리고 이는 오늘날까지도 여전히 영향력 있고 대중적인 지성의 전통을 이어오고 있다. 20세기와 21세기 초에는 텔레비전을, 그 후에는 인터넷을 토론과 분석의 대상으로 삼으며 시대의 흐름에 따라 매우 주목받는 분야로 자리 잡은 것이다. 플라톤은 현상으로서의 미디어를 최초로 발견했고 이에 관해 서술했다. 정보와 커뮤니케이션에서는 내용만 중요한 것이 아니라 내용이 저장되고 전달되는 형태도 중요하다는 사실을 처음으로 대중에게 알렸다.

플라톤의 말마따나 책은 읽기만 하는 데서 그치지 않아야 한다. 고전이나 신간을 두고 온라인에서 벌어지는 토론의 장에 게시물을 남긴다거나, 친구들에게 보내는 이메일, 아마존에 남기는 독자 서평 등에 읽고 생각한 바를 써봐야 한다. 자신이 읽은 내용에 대해서 다른 사람들과 대화도 해야 한다. 이를 위해 책을 좋아하는 지인들과 모임을 꾸려보는 것도 좋다. 다른 독자들과 이야기를 나눌 기회를 찾아야 한다. 19세기부터 시작된 독서 모임이 요즘 들어 놀라울 만큼 다시 인기를 끄는 건, 사람들이 허세를 부리고 싶어서가 아니라 독서의 본질을 인지하고 있기 때문이다. 독서는 혼자 하는 활동이지만, 동시에 의견을 나눌 사람들이 필요하고 공통된 관심사를 바탕으로 비평과 공감이 이뤄져야 하는 활동이다. 플라톤이 표현한바 우리는 "언어를 도와야 한다". 또한 적힌 언어를 이해하고 즐기기 위해서는 서로를 도와야 한다.

다만 책을 읽는 그 순간만큼은 (읽는 이의 시선이 페이지를 따라 움직일 때만큼은) 지독히 혼자이며, 혼자여야만 한다. 물론 앞서도 말했듯이 독서는 공동체 활동으로 이어져야 하고, 관심이 가는 대상을 지지하거나 정치 연대를 실현할 방법이 되지만(나는 가장 친한 친구 중 한 명을 베를린으로 향하는 열차 안에서 처음 만났다. 내 옆자리에 앉았던 친구는 내가 들고 있던 책을 보고서 자신도 이 책을 읽었노라며 말을 걸어왔다), 독서의 신은 교감을 나누기 전 홀로 보내야만 하는 시간을 남겨두었다. 어쩌면 이 시간이 독서를 가장 어렵게 만드는지도 모른다. 책을 들고 혼자 방에 앉아 있으면 온갖 유혹의 소리가 들리기 시작한다. 무언가를 놓치고 있는 듯한 기분이 들고, 지금 이 순간 다른 곳에 있어야 하는 건 아닌가, 이럴 시간에 다른 일을 해야 하는 건 아닌가 하는 생각에 사로잡힌다. 뭐가 됐든 혼자 방구석에 있을 일이 아니라 밖으로 나가서 사람들 사이에 섞여 있어야 한다는 기분이 든다. 이런 목소리가 들려올 때 해야 할 일은 단 한 가지다. 무시할 것.

유혹의 목소리는 우리가 저항해야 할 세이렌의 노랫소리와 같다. 독서를 시작하며 우리가 가장 먼저 갖추어야 할 것은, 어떤 요령이나 기술, 문화사에 관한 지식 따위가 아니다. 내면의 자유다. 혼자 있는 시간에 현실의 유혹을 뿌리칠 내면의 자유를 찾으면, 뒷일은 저절로 해결된다.

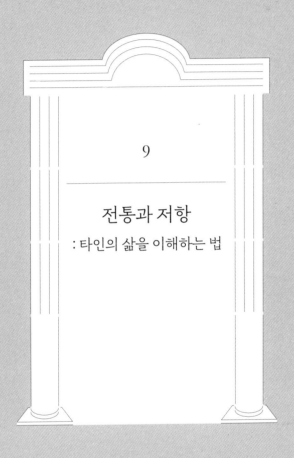

9

전통과 저항

: 타인의 삶을 이해하는 법

"자유란 항상 다르게 생각하는 사람들의 자유다."

(Freiheit ist immer nur Freiheit des anders Denkenden)

처음에는 극장에 은퇴한 사람들만 올 것이라 생각했다. 우리는 상영 시간보다 조금 일찍 베를린에 있는 바빌론 극장(Kino Babylon)에 도착했다. 우리가 예매한 영화는 1925년 개봉한 세르게이 예이젠시테인(Sergei Eisenstein) 감독의 작품 「전함 포템킨」이다. 이는 소련 무성영화의 고전이라고 불린다. 영화는 1905년 러시아제국 시절에 발발해, 이후 레닌과 볼셰비키 정당으로 대표되는 공산주의 혁명에 서막을 연 흑해함대의 반란을 다룬다.

마침내 극장의 문이 열렸다. 우리가 객석에서 자리를 잡을 때까지만 해도 관객은 몇몇 장년층밖에 보이지 않았다. 그런데 잠시 후 엄청난 인파가 밀려들기 시작하더니, 객석과 객석 사이 복도에까지 사람들로 꽉 찼다. 대다수는 젊은이였고 커플들도 많았다. 바빌론 극장의 무성영화 오케스트라가 「전함 포템킨」이 초연할 당시 연주했던 풍부한 원곡을 장면에 맞춰 들려주자 관객들은 이내 스토리에 빠져들었다.

영화는 포템킨 호에 오른 선원들이 어떻게 반란을 일으켰는지, 인간을 경시하는 장교들이 어떻게 갑판 너머로 내던져졌는지, 항구도시 오데사(Odessa) 시민들에게 선원들은 어떻게 지지를 얻었는지, 시민들의 연대는 어떻게 폭력으로 진압되었는지를 그렸다. 반란군이 탄 배가 정부에 충성하는 해군 전투 함대의 공격에서 벗어나게 된 까닭과, 그 과정에서 폭동을 일으킨 형제들을 향해 해군들이 화포 발사 명령을 거부한 내용도 담겨 있다. 영화는 모든 장면이 흑백인 가운데, 생명력과 역사의 에너지로 고동치는 붉은 깃발만 나부끼며 끝이 난다. 선원들의 반란은 러시아의 노동자와 농민, 군인들이 권력을 쟁취하고 소련을 세운 1917년 사회주의 시월혁명을 예언한 듯하다.

관객 중 상당수는 영화사에 대한 관심으로 극장을 찾았을 것이다. 특히 오데사의 계단에서 벌어진 영화 속 대학살 장면은 지금까지도 예술성이 뛰어난 명장면으로 손꼽힌다. 도시 주민들이 축제와 같은 분위기에서 무방비로 모여들었다가, 냉혹한 전투 기계와 같은 제정러시아 군인들에 의해 무차별 공격을 받는 장면이 그렇다. 압박과 긴장의 고조, 희망에서 공포로 격변하는 과정을

성숙한 생각은 어떻게 만들어지는가

시각적으로 담아내고 악몽 같은 경악스러움이 어떤 모습인지를 영상으로 정확하게 치환한 이 장면은 종종 "영화사에서 가장 영향력 있는 6분"이라고 표현된다.

하지만 단순히 영화에 대한 호기심에서 이 걸작을 보러 오지는 않았을 것이다. 영화가 다루는 메시지와 시대적 배경에서 비롯된 급진과 저항, 혁명의 매력 또한 관객들을 부추겼으리라고 생각된다. 그 시대에 숭고하게 여겨졌던 가치는 무엇인지, 역사의 권위로 무장한 혁명 정신의 근원은 어디에서 왔는지를 가장 진정성 있는 모습으로 확인하고 싶었을 것이다. 이를테면 그 시절의 굴라크(소련에 있던 스탈린의 강제수용소 - 옮긴이)처럼 아직 범죄에 때 묻지 않고 그 이름이 더럽혀지지 않았던 시기를 되돌아보고 싶었을 것이다.

1989년 몰락한 동유럽 공산 국가에 '실제로 존재했던' 사회주의는 시간이 흐르면서 너무도 먼 일이 되었다. 자본주의에 대한 욕망이 들끓기 시작한 지는 너무도 오래되었고, 오히려 사람들은 그러면서 마르크스 전통에 뿌리를 이룬 사상에 대해서 다시 한번 호기심을 갖게 됐을지도 모른다. 30년간 우리에게 익숙했던 대안 없는 시장경제만큼이나, 과거에 경험한 비판과 저항을 완전히 잊어서는 안 된다고 말이다.

나는 마르크스주의자는 아니다. 하지만 사회주의가 남긴 거대한 유산에 대한 관심과 뿌리를 찾으려는 시도, 깊이와 본질에 대한 갈망은 좋아한다. 이러한 관심을 목격하는 건 그리 드문 일도 아니다. 한번은 젊은 동료가 내게 마르크스주의 서적 한 권을 추천해 달라고 말했다. 스스로를 좌파라고 생각했지만, 이전 세대의 이론은 공부해 보지 않았다고 말이다. 특히 헝가리 출신의 철학자 게오르크 루카치(Georg Lukacs)에게 관심이 많다고 말했다. 루카치는 사회주의를 짝사랑했던 사상가지만, 자본주의 사회의 물신화된 모더니즘만큼이나 공산주의 정당의 교조화된 사회주의에 대해서도 날을 세웠다. 이른바 '비판적 이론'을 담은 주요 저서 『역사와 계급의식』은 1960년대 학생운동과 전위적인 사회주의 전반에 중요한 영감을 주었다. 루카치는 거의 낭만에 가까운 방식으로 현대인이 겪는 좌절과 마르크스주의 사이의 연결고리를 찾아냈다.

오늘날 새롭게 주목받는 것은 마르크스주의 거장뿐만이 아니다. 미국에서 일어난 'BLM(Black Lives Matter, 흑인의 생명도 중요하다)' 운동을 계기로 흑인 사상사가 재발견되기도 했다. 그 시작은 아프리카계 미국인을 경찰이 과잉 진압하는 과정에서 촉발됐는데, 이후 여러 형태의 인종차별이 인권운동의 불을 지폈다. 이로 인해 한때 미국 서점가에서는 제임스 볼드윈(James Baldwin)의 소설과 에세이가 많이 읽혔다. 볼드윈은 1950년대와 1960년대를 지배했던 백인주의를 훌륭한 방식으로 해체한 흑인 소설가다. 그는 인종차별주의로 치명상을 입는 쪽은 흑인이 아니라 백인이라고 명확히 밝혔다. 인종차별주의는 백인들에게 그릇된 자화상을 그리게 하는 원천이라고 설명하며 흑인을 해방하는 동시에 백인을 비판했다.

볼드윈은 조카에게 이런 편지를 보냈다. "너는 백인들처럼 되려고 노력할 이유가 하나도 없고, 그들이 널 수용해야 한다는 부당한 인식을 뒷받침할 만한 근거는 없단다. 애야, 정말 무시무시한 사실은 네가 그들을 수용해야 한다는 사실이다." 볼드윈이 이야기한바 "백인들이야말로 그들 스스로가 이해할 수 없고, 그래서 벗어날 수도 없는 역사의 진정한 포로다." 백인들은 '흑인이 열등하다'는 확신이 흔들리는 순간 불안정한 상황에 놓이게 된다. 볼드윈은 비유를 들어 설명했다. "한번 상상해 보자. 어느 날 아침에 눈을 떴는데 하늘에 태양이 떠 있고 동시에 별들도 같이 빛나고 있다면 기분이 어떻겠니. 자연의 법칙에 어긋나는 일이니까 그걸 보는 너는 충격을 받겠지." 흑인 해방은 단순한 권력의 이동이 아니라 한 세계의 종말이다. 백인들 스스로가 주장하는 '인종적' 우월함을 제외하면 달리 정의할 방법도 없는, 백인들의 그 세계가 전부 끝장나는 것이다. "그러나 이 사람들은 너의 형제들이다. 네가 잃어버린 어린 형제들이다. 통합이라는 단어가 갖는 의미는, 우리가 사랑으로 우리의 형제들을 강제하여 그들이 있는 그대로의 자신을 바라보게 한다는 뜻일 테고, 또한 현실로부터 도망치려는 그들을 멈추게 하여 그들을 바꾼다는 뜻일 테다."

모든 변론과 논박, 사주를 넘어선 참으로 명쾌한 통찰이 아닐 수 없다. 게다가 대단한 자의식도 돋보인다. 젊은 아프리카계 미국인들의 궐기는 볼드윈의 글을 다시 주목받게 했다.

진보적인 비평가들이 교양을 쌓기 위해 접하는 전통적인 서적이나 작품들을 가리켜 '특권층 보호구역'이라 부르는 것은 충분히 이해할 만하다. 그런 작품들과 일반인 사이에 어떤 연관성을 발견할 수 있느냐고 의구심을 제기하는 것도 타당하다. 『펠로폰네소스 전쟁사』를 남긴 투키디데스부터 바그너를 예찬한 소설가 토마스 만까지, 하나같이 지도층 출신이기 때문이다. 우리의 미술관과 도서관에는 과거에 노예를 소유했던 사람들이나 성차별론자들, 평생 단 한 번도 생계를 위해 노동할 필요성을 느껴본 적 없는 귀족들의 작품이 가득 채워져 있다.

나와 알고 지내는 미국인 고전학 교수는 흑인 여학생으로부터 이런 질문을 받았다. "고대 그리스나 로마 사람들의 경험이 저와 무슨 관련이 있지요? 그들의 삶이 제게는 아무런 도움이 되지 않는데, 제가 왜 그들 책을 모두 읽어야 하나요?" 교수는 자신이 가르치는 과목과 수업 시간에 거론하는 모든 인물들에게 애정을 쏟고 있었음에도, 그 여학생의 말에 일리가 있다는 것을 인정할 수밖에 없었다고 고백했다.

누군가가 내게 이런 질문을 한다면 나는 이렇게 답해주고 싶다. 자신과 통하지 않는 작품이 있더라도 우선 걸작이라 전해져 내려오는 작품은 읽고, 내면의 불안과 저항을 표출하는 계기로 삼았으면 한다. 이마누엘 칸트는 그저 막사 앞마당에서 입만 놀리던 철학자가 아니라, 양심의 자유를 옹호하고 프랑스혁명을 지지한 사람이었다는 사실을 깨닫기 위해서다. 대부분의 문화유산이 엘리트들에 의해 창조됐다고 해서 그것이 꼭 엘리트에게만 속하거나 엘리트의 이득을 위해서만 존재하는 것은 아니다. 사회주의 노동운동가들도 이 사실을 분명히 알았다. 그들은 부르주아 문명과 그 문명이 만든 뛰어난 작품들이 결코 하찮거나 시대에 뒤떨어진 것이라고 생각하지 않았다. 자신을 억압하는 자들처럼 죄로 더럽혀졌다고 생각하지도 않았다. 오히려 그들은 프롤레타리아 계급에도 그런 문명을 접하게 해주고 그들이 그 세계에 접근할 수 있도록 도와주고 싶었다. 서민들도 마땅히 위대한 작품을 누리고, 자신들의 정당한 유산으로 받아들

일 수 있어야 한다고 생각했다. 실제로 1840년대 독일에서는 사회민

주주의적인 특수 문화와 반문화의 핵심을 담당하던 노동자교육협회

(Arbeiterbildungsverein)가 설립되기도 했다.

미국인 교수도 이런 논리로 흑인 학생에게 고대 유물을 공부해

야 한다고 설득했다고 한다. 비록 아리스토텔레스의 삶의 방식이 자

신과 전혀 다를지라도, 정의라는 주제에 관해서는 둘 다 분명 관심

이 있었을 것이다. 아리스토텔레스 역시 철학자로서 정의에 관해 치

열하게 고민했다. 정의에 관한 공통된 질문이 마치 공통된 운명처럼

연결고리를 만들어내고, 이것이 시대와 이념, 사회적 상황을 뛰어넘

어 교류를 가능하게 하지 않을까?

나는 교양이 '보수적'이라는 의견에 대해 그게 전부가 아니라는

말을 꼭 해두고 싶다. 교양이라는 세계에는 지금껏 알려진 것보다

알 만한 가치가 있는 작품이 훨씬 더 많으며, 대안으로 삼을 만한 필

독서 목록도 차고 넘친다. 저항과 혁명, 전혀 다른 목소리의 고전, 억

압받은 이들과 그들의 투쟁을 담은 작품들이 그렇다. 시대에 걸맞은

'완전한 교양'은 아래로부터의 관점과 외부로부터의 관점, 권력과 위

계질서, 정상이라고 일컬어지는 모든 기준에 저항하는 유산들이 포

함된다. 사회주의와 페미니즘, 게이와 레즈비언의 해방, 아프리카

계 미국인, 인류의 다수를 차지하는 유색인종에 대한 인종차별주의

와 식민지 지배에 대항하는 투쟁 등이 수많은 사상과 작품의 기반이

된다. 그리고 이들 또한 헨델과 모차르트의 대관식 음악처럼 우리의 소중한 문화유산의 일부다.

서양 문학은 수 세기 동안 단조로운 통속 서사에서『로미오와 줄리엣』같은 작품에 이르기까지 소년과 소녀, 남성과 여성 사이의 수많은 사랑 이야기를 다뤘다. 또한 꽤 오래전부터 동성애를 빈약하고 불안정하게 다루는 전통이 이어졌는데, 그 대부분이 외설적이거나 오로지 타락의 미학에만 집중하여 불쾌한 여운을 남겼다.

하지만 크리스토퍼 이셔우드(Christopher Isherwood)가 1964년에 발간한 소설『싱글맨』에는 무언가 특별하고 자유로운 면이 있다. 1939년 이후로 캘리포니아에 거주하는 영국인 작가 이셔우드는 자신의 소설에서 방종이나 악행을 다루는 어떤 극적인 연출도 없이 틈새나 특수성을 부자연스럽게 부각하지 않고도 동성애를 그렸다.

소설의 주인공인 조지는 저자와 마찬가지로 미국에 정착한 영국인이다. 로스앤젤레스의 한 대학에서 문학을 가르치는 그는 역사와는 거리가 먼 '영원한 햇빛의 젊은 제국'으로 유배되어 독서를 멀리하는 학생들과 함께 캠퍼스 생활을 이어간다. 캘리포니아를 가득 채우는 행복의 분위기는 주인공이 개인적으로 처한 상황과 씁쓸한 대조를 이룬다. 조지는 자신의 연인이자 인생의 동반자였던 짐을 교통사고로 잃었다. 조지의 마음은 사랑하는 사람과 이별하며 겪게 된 상실감과 유족으로서의 비통함으로 가득 채워져 있다. 극의 배경인

1960년대는 동성결혼을 제도화하는 논의가 시작조차 되지 않았던 시절이다. 그런 시대에 그는 동성 배우자를 잃고 홀로 남겨졌다. 기계적으로 살아가는 삶의 공허함과 무의미함, 망자를 놓아주어야 하지만 도저히 그러지 못하는 상황, 감정적으로나 성적으로 새롭게 시작할 수 없으리라는 두려움까지 주인공은 이 모든 감정을 홀로 오롯이 겪는다. 그리고 독자들은 주인공의 상대가 남성인 짐이 아니라 제인이나 주디였어도 똑같이 느꼈을 법한 감정을 그와 함께 느끼고 공감한다.

　게이라는 존재의 평범함과 일상성이 바로 『싱글맨』이 전하는 메시지다. 물론 지금 듣기에는 (1964년보다) 놀랍거나 파격적이지 않아서 이러한 통찰이 얼마나 힘겹게 타당성을 인정받아야 했는지 간과하기가 쉽다. 2006년에 개봉한 이안(Lee Ang) 감독의 영화 「브로크백 마운틴」이 오스카상을 수상했을 때를 떠올려보자. 영화는 비밀스럽고도 비극적인 두 카우보이의 연애사를 담았지만, 당시 광고계와 비평계는 이 영화가 동성애에 특별히 관심을 가진 사람들뿐만 아니라, 모두가 봐야 할 보편적이고 감동적인 진정한 사랑 이야기라고 입을 모아 강조했다. 그 점을 이토록 힘주어 거론해야 했다는 사실은 막상 현실에서는 사람들이 동성애를 특수하게 여긴다는 방증이기도 했다. 시대를 앞서가는 뉴욕의 패션 디자이너나 광고계 인사들뿐만 아니라 그 옛날 미국에서 가축을 몰며 목장에서 일하던 남성들에게, 다른 남성을 사랑할 수 있다는 사실은 전혀 평범하지 않았다.

어쨌거나 1960년대에 이서우드가 자신의 이야기를 들려주기 위해 얼마나 많은 문화적·도덕적 잔재를 치워야 했는지, 동성애 이야기에 항상 딸려 오던 매혹이나 연민, 죄책감과 내적 분열로 점철된 산을 얼마나 힘겹게 넘어야 했는지 분명히 짚고 넘어가야 한다. 그렇다고 해서 이서우드가 자신의 작품을 통해 표현한 내용이 무고하다거나 논쟁의 여지가 전혀 없다는 뜻은 아니다. 주인공 조지는 동성애를 혐오하는 세상에 거친 증오의 표현을 내뱉었으며, 동성애를 인정하지 않는 사람들을 한결같이 적대시했다. 또한 그 자신도 여성 혐오에서 자유롭지 못했다. "여성은 모든 남자를 자신들이 소유하는 게 당연하다고 생각하지 않나? 그리고 나처럼 다른 남성과 함께 사는 남성을 보며 자신이 전적으로 옳다는 확신에 빠져 주제넘게 감히 세계를 지배하는 법의 집행자마냥 파트너를 빼앗아가려고 하지 않나?" 조지는 죽음을 앞둔 한 여성의 침대 옆에서, 그녀의 "거칠게 빨아들이는 성기"를 용서할 수 없는 마음으로 기억하며, 그녀가 자신과 짐을 이간질하려고 했던 사실을 떠올린다. "젊음의 생기와 윤기와 오만한 탄력이 넘치는, 교활하고 무자비하고 탐욕스러운 몸. 그 몸은 조지에게 옆으로 비키라고, 여성의 특권에 굴복하고 복종하라고, 자연의 섭리를 거스르는 조지는 부끄러운 줄 알고 고개를 숙이라고, 명령했다. 나는 도리스야. 나는 여자야. 자연의 섭리에 맞는 여자야. 교회와 법, 국가는 나를 지지하기 위해 존재해. 나는 내 생물학적 권리를 주장하는 거야. 나는 짐을 요구해."[2] 게이로서 존재하는 것의 일상성에는 그 존재를 정상으로 받아들이지 않는 세계에 대한 공격성도 포함된다.

❖ ❖ ❖

저항과 비주류의 관점을 담은 고전은 지도층의 고전과 동등하게 다뤄져야 한다. 독일 근대음악의 거장 리하르트 슈트라우스의 화려한 오페라와 함께 소련의 무성영화 「전함 포템킨」을 즐길 수 있어야 하고, 제인 오스틴의 반듯한 연애소설과 함께 크리스토퍼 이셔우드의 『싱글맨』을 살펴봐야 한다.

'저항', '다르게 생각하기', '반대하기'의 고전은 상상력이 위축되는 것을 막아준다. 우리가 의심 없이 도덕적이고 사회적이라고 믿어온 것들의 편협함을 깨고, 배제해 왔던 현실을 직시하게 해주며, 지금까지 부정당해 온 법적 권리와 삶의 요구를 인지하게 해주기 때문이다. 그러므로 자신의 생각을 특별히 고전의 세계관에 맞추려 한다거나 고전에 공감하려고 노력을 기울일 필요는 없다. 대표적인 예로

----

2   크리스토퍼 이셔우드, 『싱글맨』, 창비, 조동섭 옮김, 2017.

버지니아 울프(Virginia Woolf)의 글은 여성 존재가 남성에 의해 그 능력과 기량을 충분히 발휘하지 못한다는 사실을 획기적으로 드러내며 페미니즘사에서 가장 위대한 텍스트 중의 하나로 손꼽힌다. 하지만 울프 자신은 충분한 이유에 근거하여 엘리트적이라고 비난받는 여성이다. 정의를 구현하기 위해 싸우는 강직한 여성운동가 가운데 일부는 이 작가를 못 견뎌 한다.

울프는 『잃어버린 시간을 찾아서』를 쓴 마르셀 프루스트, 『더블린의 사람들』을 쓴 제임스 조이스, 『변신』, 『꿈』 등을 집필한 프란츠 카프카(Franz Kafka)와 함께 현대문학을 시작한 작가로 꼽힌다. 울프는 1882년 영국의 빅토리아 시대 후기에 명망 있고 유복한 문필가의 딸로 태어났다. 일평생 그는 문화 수준이 높은 환경에서 블룸즈버리 그룹(20세기 초 런던과 케임브리지를 중심으로 활동했던 영국의 지식인·예술가들의 모임 - 옮긴이)의 화가와 작가, 지성인에게 둘러싸여 있었으며 런던의 상류층 저택과 남부에 있는 목가적인 별장을 오가며 작가로 활동했다. 1931년 울프는 한 여성 단체 앞에서 스스로를 비꼬는 듯한 솔직함으로 자신이 누리는 특권을 고백한 바 있다. 그가 당시 신문 기사를 쓰고 벌어들인 수입은 1파운드 10실링 6펜스였다. "제가 일하는 여성이라고 불리는 것이 적절치 않음을 보여드리기 위해, 그리고 그러한 이들의 노력과 어려움을 알지 못한다는 점을 보여드리기 위해 이 말씀을 드립니다. 저는 그때 벌어들인 돈을 빵이나 버터 혹은 월세, 신발, 양말, 고기의 값을 치르는 데 쓴 게 아니라 고양이 한 마리를 사는 데 썼습니다. 아름다운 페르시안 고양이였는데 고양이 때문에 이웃과 괴로운 언쟁을 벌여야 했지요."

겉보기에는 걱정 없어 보이는 삶을 살았지만, 울프 또한 당시의 여성이라면 중상류층 할 것 없이 모두 겪어야 했던 수많은 제약 아래에 놓여 있었다. 그의 남자 형제들은 고급 기숙사 학교를 졸업한 후 케임브리지대학교로 진학했지만 울프를 비롯한 여자 형제들은 집안에서 교육받았다. 작가로서 자리를 잡고 한창 활동하던 시기에는 어느 비평가로부터 '그녀의 성별이 지닌 한계'를 잘 지키고 있다는 (즉, 겸손한 여성 문학을 쓰고 있다는) 축하 아닌 축하를 받기도 했다. 사실 작가라는 직업을 선택하면서부터 이미 여성의 삶에 포함된 한계가 드러났다고 할 수 있다.

울프는 앞서 소개한 여성 단체를 대상으로 「여성의 직업」에 대해 발표하면서 19세기부터 문학은 예술에 관심이 있는 소녀가 그런대로 괜찮게 발을 들여놓을 수 있는 분야가 됐다고 밝혔다. "그래서 제가 집필을 시작할 때는 물질적인 방해 요소가 별로 없었습니다. 글을 쓰는 것은 존중받을 만하고 무해한 활동이었으니까요. 펜을 든 이의 끄적임이 가정의 평화를 깨지는 않으니까요. 가족에게 경제적으로 지원을 받아야 하는 일도 아닙니다…. 작가는 피아노와 모형, 파리, 빈, 베를린, 선생님을 필요로 하지 않습니다. 여성들이

다른 어느 직업보다 먼저 작가로서의 성공 사례를 남길 수 있었던 이유는 종이가 저렴했기 때문입니다."

경제적인 특권을 누리면서도 가부장 제도의 폐해를 경험하며 특별한 위치에 있었던 버지니아 울프는 1929년 에세이 『자기만의 방』을 발표했다. 마치 마르크스와 엥겔스의 『공산당 선언』이 자본과 노동 사이의 계급 갈등을 파헤쳤다면, 울프의 에세이는 성별 관계를 근본적으로 파헤쳤다. 책 제목과 내용은 놀라우리만큼 견고했고 물질주의적인 현실을 고스란히 드러냈다. 울프에 따르면 여성은 자기만을 위한 방과 연간 500파운드의 수입이 있어야만 제 능력을 개발하면서 자기 결정에 따른 창조적인 삶을 살 수 있었다. 그는 이러한 현실적인 주장과 함께 작가다운 상상력도 함께 드러냈다. 울프는 자신의 명제를 설명하기 위해 16세기 가부장제를 살았던 윌리엄 셰익스피어에게 '주디스'라는 이름의 누이가 있다고 가정했다. 셰익스피어만큼 작가적인 재능을 타고났으며 연극에 대한 열정이 넘쳤지만 여성으로 태어났다는 점이 동생과의 유일한 차이점이었다.

그녀는 어떻게 되었을까? 주디스의 부모는 그녀를 책 더미에서 끌고 나와 글쓰기를 금지하고 이웃의 모직물상에게 시집을 보내려 했을 것이다. 그래서 그녀는 한여름 밤에 짐 꾸러미를 챙기고는 창밖에 줄을 내려서 런던으로 도망쳤을 것이다. 그녀는 극단에서 일해보고 싶었지만 극장 입구에서부터 비웃음을 샀으리라. (셰익스피어

시대 영국에서는 모든 여성 역할을 십 대 남자아이들이 연기했다.) 다양한 인물에 대한 궁금증을 해소하기 위해 저녁에 선술집에서 식사를 하거나, 자정에 길거리를 걸어볼 수나 있었을까? 만약 그랬다면 극단의 한 지저분한 매니저가 나와 그녀의 보호자라고 자청하고 나섰을 테다. "주디스는 이 남성의 아이를 뱄다는 사실을 알게 됩니다. 여성의 몸 안에 갇혀 얽혀버린 이 작가의 영혼이 느꼈을 열기와 위력을 어느 누가 가늠할 수 있을까요? 어느 겨울밤, 결국 스스로 목숨을 끊어버린 그녀는 오늘날 교차로 어딘가에, 지금은 버스 정류장이 되어버린 곳에 묻히게 됩니다."

누군가가 페미니즘이 무엇이냐고 묻는다면 여기에 답이 있다. 울프가 1929년 『자기만의 방』을 발표한 이후 우리는 이 질문에 매우 간단히 답할 수 있게 되었다. 페미니즘은 여성도 자신의 남자 형제와 동등한 기회를 갖게 되는 세상, 주디스 셰익스피어와 윌리엄 셰익스피어가 평등하게 '셰익스피어'가 될 수 있는 세상을 향한 열망이다. 울프는 이를 좀 더 세련된 방식으로, 다시 한번 작가의 상상력을 동원하여 표현한다. 여성이 경제적으로 지적으로 도덕적으로 독립할 수 있다면, 스스로를 항상 남성과 관련짓지 않고 현실 전체를 마주할 수 있다면, 그렇게 된다면 우리가 바라던 순간이 올 것이라고 말이다. 그런 날이 오면 "셰익스피어의 누이였던 죽은 작가가 그토록 자주 내던졌던 자신의 육체를 받아들일 것입니다. 그녀는 자신의 오빠가 그러했듯이 선구자들이 살았던 무명의 삶으로부터 자신의 삶을 이끌어내며 태어나게 될 것입니다. 이러한 준비 없이, 우리가 애쓰지도 않고 결연함을 보이지도 않으면서 그녀가 다시 살아가고 작품을 쓰리라고는 기대할 수 없습니다. 그것은 불가능하니까요. 하지만 감히 주장하건대 그녀는 올 것입니다. 우리가 그녀를 위해 노력한다면 그렇게 될 것입니다. 그리고 그 노력은 가난과 불명예에도 불구하고 가치 있는 일입니다."

『자기만의 방』은 단순히 여성에 대한 오래된 억압에 반하는 논쟁이나 여성 권익 확장을 꾀하자는 변론이 아니다. 그랬다면 이 책이 그토록 비범하지는 않았을 것이다. 버지니아 울프가 특별한 이유는 그가 예상 밖의 수월함과 탁월함으로 남성 지배적인 문화와 사회 전반에, 그리고 그 기반에 놓인 정신적인 역동성을 꿰뚫어 보았다는 데 있다. 가부장제의 본성을 간파하는 그의 통찰력은 여성의 사회적 입지가 예전에 비하면 훨씬 나아진 오늘날까지도 그의 텍스트에 현실성을 더한다. 울프에 따르면 페미니즘을 거부하는 남성의 내면에는 "자기 자신을 믿는 능력을 침해하는 것에 대한 저항"이 숨어 있다. "수 세기 동안 여성들은 마치 남성의 모습을 두 배 크기로 반사해 주는 귀중한 능력을 지닌 마법의 거울로 기능"해 왔기 때문이다. 남성이 모든 것을 정복하고 지배하고 지도하던 역사는 전반적으로 남성이 더 우월하다는 확신에 기반을 두고 있으며 여성의 열등함만이 그 우월함을 보장한다. 울프는 이어서 서술한다. "아침과 저녁 식사 자리에서 자신이 실제보다 적어도 두 배 이상 크게 보이지 않았다면 어떻게 법정에 앉고 토착민들을 문명화하며 법안을 가결하고 연회에서 멋지게 차려입고는 한마디 했겠는가?" 더욱이 그는 이탈리아 파시즘을 주도한 베니토 무솔리니(Benito Mussolini)를 가리켜 특히나 강조된 여성의 열등함에 기반을 둔 인물이라고 서술했다. 여기에는 무솔리니의 이름 대신 오늘날 '강한 남자'의 전형으로 대표되는 권세가의 이름을 대입해도 무방할 것이다.

지난 몇 년 사이 인터넷에서 가장 뜨겁게 논의되고 전 세계에 순식간으로 퍼져나간 페미니즘 텍스트는 2008년 리베카 솔닛(Rebecca Solnit)이 발표한 짧은 에세이 『남자들은 자꾸 나를 가르치려 든다』이다. 저자는 이 책을 통해 '맨스플레인(Mansplain)'의 개념을 널리 알렸다. 이는 남성들이 어떤 사안을 놓고, 심지어는 상대 여성이 해당 주제의 전문가임에도 자신의 지식을 뽐내며 상대를 가르치려고 드는 거만한 태도를 보이는 현상을 일컫는다. 특히 가부장적인 분위기가 대화를 둘러싸고 담론을 지배하는 현상은 버지니아 울프도 정확히 파악한 바 있고 이에 관해 서술하기도 했다. 그에 따르면 여성이라는 존재는 끊임없이 외부에 의해 해석되며 살아가는 내내 귓가에 맴도는 남성의 목소리를 들어야 한다. "끊임없이 들리는 이목소리, 때로는 불평에 가깝고 때로는 거만하고 때로는 억누르는 듯하고 때로는 슬퍼하고 때로는 충격에 휩싸이고 때로는 분노하며 때로는 생색내는, 여성들을 가만히 내버려 두지 않고 계속해서 지나치게 열심인 가정교사처럼 닦달하는 이 목소리." 버지니아 울프의 견해로는 이 "지속적인 훈계와 영원한 교육자"의 목소리에 귀를 닫고 따르지 않으며 말을 걸지도 않고 그저 무시해 버리면서 듣지 않는 것, 그것이 여성의 자기 해방이다.

요즘은 성 정체성이 유동적이고 불확실하다는 것을 사회가 이해하고 성의 전환과 간성(신체적 특징이 남녀의 이분법적 구분에 들어맞지 않는 사람 - 옮긴이)이 더는 금기가 아닌 시대가 됐다. 울프는 자신의 의견을 정립하는 과정에서 오늘날에야 제대로 이해받게 된 생각을 발전시켰다. 그것은 '남성의 여성성' 혹은 '여성의 남성성'으로 이해할 수 있는 '양성성(Androgyny)'의 개념이다.

버지니아 울프의 『올랜도』는 양성성을 다룬 소설이다. 이 작품에서는 셰익스피어와 엘리자베스 1세 여왕이 살던 16세기 영국을 배경으로, (여성적인 매력이 지배적인) 젊은 귀족 남성 올랜도가 등장한다. 그의 수명은 정상 범위를 한참 벗어나서 소설이 출간되던 시점인 1928년까지 이어지는데, 카를 2세가 통치하던 17세기 후반 올랜도는 터키 황제의 궁중 대사로 일하던 어느 날 며칠에 걸친 잠에서 깨고는 스스로가 (남성적 힘이 지배적인) 여성이 되었음을 발견한다.

이 책은 분위기가 가벼워서 버지니아 울프의 소설을 처음 접하는 이들에게 가장 추천하는 책이다. 그렇지만 이 소설에서 울프는 양성성이라는 주제를 진지하게 다루고 있다. 또한 그 안에 인간에 대한 모든 철학을 담았다. 울프의 의견으로는 모든 남성에게는 여성적인 요소가 숨어 있고, 모든 여성에게는 남성적인 요소가 숨어 있다. 겉으로 드러나는 성별 이면을 억압하고 하나의 명백하고 분명한 섹슈얼리티(Sexuality)를 강요하는 것은 비생산성과 한정성으로 연결된다. 울프는 다음과 같이 서술했다. "순수하고 단순하게 남성 또는 여성이 되는 것은 치명적이다." 생산성과 창조성을 발휘하려면 "남성적 여성이거나 여성적 남성이어야 한다." 울프는 이런 양성성을 지닌 인물로 셰익스피어를 꼽았다. 그는 모차르트나 괴테, 이탈리아의 르네상스 화가 라파엘로를 두고도 이를 떠올렸을 것이다. 이들이 창조한 여성 피조물 앞에 서면 궁금해진다. 어떻게 남성이 이것을 알 수 있었을까? 이 여성의 영혼 안으로, 그 삶 속으로 어쩌면 이토록 깊이 들어가 볼 수 있었을까? 위대한 남성 예술가들은 그들이 창조한 인물의 성별을 개의치 않고 그 안에 한결같이 자신의 모습을 투영한다. 『자기만의 방』의 세계상에 빗대서 표현하자면 그들은 그 자신인 동시에 그 누이다.

혹자는 버지니아 울프의 페르시안 고양이와 친구 가족이 소유하던 대저택의 365개 방을 가리켜 이렇게 의심한다. 예민한 감각을 지닌 그의 사색이 얼마나 정치적일 수 있겠으며, 유복한 환경에서 생활한 그가 얼마나 깊이 보통 여성들의 삶과 그들이 추구하는 정의에 공감할 수 있겠느냐는 것이다. 하지만 이는 매우 좁은 해석에 불과하다. 진보는 투쟁만을 원하지 않는다. 그들 역시 꿈과 동경을 추구한다. 버지니아 울프의 페미니즘이 특별한 이유는 여기에 있다. 그는 성별 간의 갈등을 넘어서, 성이나 역할의 통제가 덜하고 그 구분이 아예 약해진 세계를 바라본다. 이 또한 해방이다. 자유로워지기 위해서는 쇠사슬과 무력에서만 해방되어야 하는 것이 아니다. 사고와 상상을 가로막는 것으로부터도 해방되어야 한다. 복잡한 전위 예술가이자 보헤미안 귀족이었던 버지니아 울프는 저항 의식의 고전에 이름을 올릴 자격이 충분히 있다.

반대와 비주류의 영역에서 걸작에 꼽힐 만한 고전을 찾을 때는 비율을 맞춰야 한다는 오류에 빠지기 쉽다. 즉, 일종의 보상이나 위로의 차원에서 서구에 억압받았거나 무시당했던 지역 내 작품과 사상을 교양 교육의 대상에 포함시켜야 한다는 생각이다. 이로 인해 수백 년간 차별 대우를 받던 집단이나 소수자의 작품에 명예 훈장이나 가상의 학위를 수여하기도 한다. 하지만 이렇게 치하하는 공로를 정말 진지하게 받아들이는 이는 거의 없다.

특파원으로 인도에 가기 전 마하트마 간디(Mahatma Gandhi)에 대한 나의 인식도 별반 다르지 않았다. 인도 독립의 아버지였던 간디는 존경받을 만한, 심지어는 신봉의 대상이 될 법한 인물이었지만 나에게는 전혀 관심이 가지 않는 '평화의 시조'와 같은 존재였다. 나는 그가 1930년대부터 1940년대까지 영국 통치에 비폭력 저항운동을 하며 200년에 걸친 식민 지배에 마침표를 찍었다는 사실을 알고 있었다. 간디는 증오와 호전성을 허락하지 않으며 세계적으로 평화주의의 아이콘이 되었다. 마른 체형과 허리에 천을 두른 의복 차림, 둥근 금속테 안경은 그를 한눈에 알아보게 할 상징적인 특징이 되었다. (둥근 안경테는 오늘날 인도에서 정부 관청이 추진하는 깨끗한 인도 만들기 캠페인 로고로도 사용되고 있다.) 미국의 마틴 루서 킹부터 남아프리카공화국의 넬슨 만델라(Nelson Mandela)까지, 나는 간디가 이 세상 어딘가에서 백인의 지배와 인종차별을 상대로 벌어지는 수많은 운동, 그 싸움을 이어가는 활동가들에 의해 거의 성스러울 정도로 굉장한 의미를 지닌다는 것을 알았다. 하지만 그렇다고 해서 그를 정신적으로나 정치적으로 중요한 인물의 반열에 올려놓지는 않았다. 그저 나에게 간디는 살아 있는 문화재 같은 인물이었다.

이런 내 생각은 델리에 사는 친구 아심 슈리바스타바(Aseem Shrivastava)의 집에서 완전히 깨졌다. 그의 집에 놀러 간다는 것은 그 자체로도 하나의 새로운 문화 체험이었다. 인도와 아시아 예술로 채

위진 아심의 집 거실은 작은 미술관과도 같았다. 그가 손님에게 대접하기 위해 음식을 할 때면, 마치 사제가 세심하게 거행하는 영예로운 의식의 주인공이 된 것만 같아 기분이 절로 좋아졌다. 게다가 아심은 매우 총명한 사람이었다. 그는 미국에서 유학한 경제학자이자 독일의 철학을 접하면서 자란 친구로 인도에서는 손에 꼽히는 생태학적 사상가였다. 내가 델리에서 보낸 5년간 인도 문명에 관해 약간의 교양 지식이라도 쌓을 수 있었던 건, 대부분 아심 덕분이었다. 그런 면에서 인도의 표현을 빌리자면, 아심은 나의 구루, 나의 스승이었다. (인도에서 구루라는 표현은 냉정하고 객관적인 단어로 결코 종교적인 의미에 한정해서 쓰는 말이 아니다.)

아심의 정신이 담긴 집을 방문했을 때 그는 내가 지금껏 상상해 보지 못했던 간디를 소개해 주었다. 지루하고 모범적이며 온화한 투사와는 사뭇 다른 느낌이었다. 나의 친구는 자신이 청년 시절 마르크스를 공부하는 대신 간디가 1909년 발표한 책 『힌두 스와라지』를 접했다면 지금과는 완전히 다른 정신세계가 펼쳐졌으리라고 이야기했다. 실제로 '인도의 자치'라는 뜻의 『힌두 스와라지』를 읽다 보면 먼 과거에 독립운동을 했을 법한 상징적인 인물이 떠오르지는 않는다. 이 책은 단순히 종교 수도자가 전하는 지혜의 가르침보다는, 도발적일 만큼 급진적인 생태학적 사회 구상을 담고 있었다. 간디는 100년도 전에 환경친화적인 풀뿌리민주주의의 계획을 발전시켰다.

『힌두 스와라지』에는 영국의 식민정권과 제국주의에서 벗어나고자 하는 이의 염원만 담긴 것이 아니었다. 간디는 현대 강대국의 가혹함과 산업계의 대량 생산이 잘못된 길이라고 보았다. 그러고는 이를 정신과 자연을 훼손하는 프로젝트로 여기며 거부했다. 그가 희망했던 자유 인도는 중앙집권적인 권력 구조가 아니라 더 느슨하고, 거주지 특성에 걸맞는 지역화한 경제 방식으로 운영되는 마을 공화국의 연합이었다.

책에는 기이하고 반동적인 주장도 섞여 있었다. 간디는 전염병을 빠르게 퍼뜨린다는 이유로 열차를 비판했고, 사람들이 병에 걸리는 것은 그들이 저지른 죄악 때문이라며 병에 따른 고통은 도덕적으로 더 나은 사람이 될 동기를 부여한다고 생각했다. 그래서 병을 치료하면 그 기회를 앗아간다고 생각해 근대 의학도 부정적으로 봤다. 이와 같은 선동에도 불구하고 간디는 맹목적인 향수에 젖어 있던 사람은 아니었다. 그는 현대 문명의 수상한 점을 항상 날카로운 시선으로 바라보았고 그 모순과 위선, 진보의 이면에 숨은 야만성을 발견할 줄 아는 사람이었다. 동물의 생명도 존중받아야 한다는 인식이 확산되기 훨씬 전부터, 그는 의술이 인간의 삶뿐만 아니라 실험실에서 이용당하고 소비되는 동물을 위해서도 쓰여야 한다고 말했다.

그럼 지금 이 시대에도 간디는 여전히 중요한 인물인가. 이러한 물음에 아심은 그저 창문을 가리켰다. 창문 밖에는 오늘날 델리의 일상이 된 혼란스러운 교통지옥이 펼쳐지고 있었다. 인도 건국의 아버지가 그토록 절제를 호소했음에도 인도는 식민 지배에서 벗어난 다른 개발도상국과 마찬가지로 간디의 메시지를 무시해 버렸다. 그렇게 해서 얻은 지금의 결과가 완전한 행복이라고 보기는 어렵다는 것이다.

아심의 굳은 믿음과 달리 나는 여전히 『힌두 스와라지』 사상이 실천 가능한 대안인지, 더 나은 세상을 만들기 위한 실질적인 방법인지에는 강한 의구심을 갖는다. 간디가 펼친 단념의 철학이 내 개인적인 취향에는 부합하지 않기 때문이다. (나는 마음속 깊이 진보와 계몽의 힘을 믿는다.) 하지만 이제야 비로소 서구적인 삶의 방식을 비판하는 고전 철학에 기대를 품을 수 있게 되었다. 단지 다문화 사고를 권장하는 사회에 산다는 이유만으로 의무적으로 채워 넣어야 할 지식이 아닌 것이다. 독일에서 활동한 폴란드 출신의 혁명가 로자 룩셈부르크(Rosa Luxemburg)의 말처럼 "자유란 항상 다르게 생각하는 사람들의 자유다(Freiheit ist immer nur Freiheit des anders Denkenden)." 그리고 이 말을 조금이라도 이해할 수 있게 된 것이 내가 교양을 통해 얻은 이득이라고 확신한다.

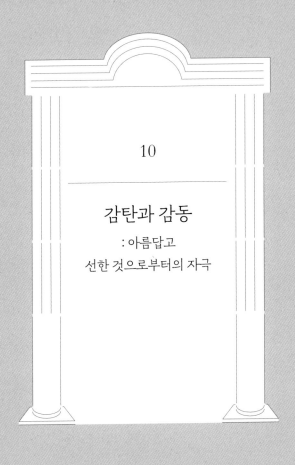

10

감탄과 감동
: 아름답고
선한 것으로부터의 자극

"교양인은 아름답거나 특별한 대상을 알아보고

이에 감탄하기를 두려워하지 않는 사람이다."

✤

2008년 11월 4일, 미국 동부 시각으로 밤 11시를 막 넘어선 시각, 미국 44대 대통령으로 버락 오바마의 당선이 확정됐다. 그날 나는 워싱턴의 한 바에 앉아 있었고, 대선 유세 기간의 마지막 주에는 오하이오주에 있었다. 오하이오주는 민주당과 공화당이 초박빙 접전을 펼치며 미국 대선의 캐스팅보트 역할을 하던 곳이었다. 나는 그곳에서 오바마와 그의 지지자를 직접 목격했다. 그때의 기억은 아직까지도 생생하다. 보고 또 봐도 계속 보고 싶어지는 광경이기 때문이었다.

오바마는 오하이오주의 주도인 콜럼버스(Columbus)에서 연설을 했다. 연단을 향해 선 인파는 끝도 없었다. 눈으로 보기에 가장 먼 곳까지 사람들로 꽉 차 있었다. 경쟁 후보를 도운 보수 진영의 상원의원 존 매케인(John McCain)의 연설에는 백인만 가득 운집했는데, 오바마가 연설할 때는 인종을 가리지 않고 거의 모든 미국인이 모여들었다. 나는 잔디밭 위에 자리를 잡았다. 내 옆에는 여섯 살쯤 돼 보이는 한 흑인 소녀가 군중 속에 누워 잠을 청했다. 식전 행사를 기다리는 동안 소녀의 부모는 아이에게 담요를 덮어주었다. 이후 오바마가 등장했다. 사람들은 일제히 어마어마한 소리를 내었고, 소녀도 잠에서 깨어났다. 소녀의 아버지는 아이를 어깨 위에 태우고는 군중 너머 저 멀리 연단 위를 가리키며 목에 힘을 주고 말했다. "저 사람이야."

그로부터 며칠 뒤 나는 젊고 멋진 손님들이 빼곡히 들어찬 바에 있었다. 승전보가 전해지기 전, 긴장이 고조되던 마지막 순간까지 손님들은 다 함께 노래를 불렀다. 선거운동을 할 때 귀가 먹먹해질 듯이 스피커를 통해 울려 퍼지던 노래였다. 바로 그때, 커다란 화면 위로 "버락 오바마 대통령 당선"이라는 문구가 등장했다. 0.1초나 지났을까. 내가 살면서 들은 소리 중 가장 폭발적인 함성이 터졌다. 분위기가 달아오르면서 점차 거세지는 소리가 아니라, 특정한 순간에 맞춰 정확히, 그리고 갑작스럽게 터지는 폭발음이었다. 마치 역사의 샴페인이 터질 때 코르크가 펑 하고 날아간 듯했다.

나에게는 그 순간에 해야 할 작은 숙제가 있었다. 당시 열세 살

성숙한 생각은 어떻게 만들어지는가

이던 나의 첫째 아들은 선거 결과가 나오자마자 곧바로 베를린에 있는 자신에게 소식을 전해달라고 부탁했다. 개인적 친분이 있는 미국 특파원에게서 직접 소식을 듣고 싶었던 모양이다. 나는 그러겠다고 답하면서도 조건을 걸었다. 선거일이 주중이고 다음 날은 학교에 가야 하니, 전화 대신 문자메시지를 보내겠다는 것이었다. 잘 때는 핸드폰을 무음으로 해두고 메시지는 다음 날 아침에 확인하면 좋겠다는 당부도 잊지 않았다. 나는 약속대로 아들이 기다리던 문자메시지를 보냈다. 곧이어 "잘됐네요"라는 답변이 도착했다. 당연한 일이지만 아들은 핸드폰을 무음으로 돌려놓지 않았다. 아이는 그 생생한 순간에 깨어 있고 싶었다. 내 기억이 맞는다면 결국 전화도 왔던 것 같다. 시끌벅적한 축제의 현장에서 제대로 된 말을 전하기는 불가능했지만, 아들은 적어도 역사에 남을 파티의 굉음은 들었을 것이다.

버락 오바마는 정치계에 등장한 뒤 이 시대에 누구도 해내지 못한 감동의 물결을 일으켰다. 위대하고 아름다운 것을 함께 경험하고 거기에 일조하고 싶다는 갈망. 거기에는 희망, 감격, 감탄이 담겨 있었다. 내 아들은 그 감동에 전염되었고 나 또한 기자로서 적절한 거리감을 유지하며 그 물결에 동참했다. 베를린 전승기념탑 앞에는 투표권도 없고 오바마를 대통령으로 선출하는 것과는 아무런 관련이 없는 독일인들이 20만여 명이나 모여 환성을 질렀다.

하지만 국경을 넘어 대규모로 확산되던 감정의 폭발은 곧이어 반감을 샀다. 제동을 걸고 경고하고 비난하는 이들이 나타난 것이다. 그들은 오바마의 지지자들이 느끼는 쾌감을 일종의 사이비 교주를 향한 믿음처럼 어리석고 비이성적이라고 비판했다. 모든 것이 잘못되었다고 외치는 그들의 부정적인 태도는 건강한 의구심을 넘어설 때도 많았다. 아름다운 것이 간직한 매력을 빼앗고, 위대한 것이 무너지는 모습을 보고 싶어 하는, 가히 마조히즘적인 욕구가 서서히 드러났다.

이 시대와 우리 사회는 비범한 것과 감탄할 만한 대상을 알아보고 그것을 인정하는 데 진통을 겪는다. 영웅 숭배와 지도자 예찬이 지난 역사에 얼마나 치명상을 입혔는지를 생각하면 충분히 이해할 만하다. 하지만 감탄을 금기시하는 분위기는 (정치 분야를 넘어) 어떤 대상이 우수하고 뛰어나다는 생각 자체를 하지 못하는 문화로 만들어버렸다. 어떤 본보기도 약점이나 어두운 이면을 재빨리 찾아내려는 시도 앞에서 오래 버티지 못한다. 인도 콜카타(Kolkata)의 슬럼 지역에서 헌신적으로 병자들을 돌봐왔던 테레사 수녀(Mother Teresa)는 "빈민들의 천사"였다. 하지만 그도 낙태와 피임에 반대하면서 하루아침에 "보수 근본주의자"라는 이야기를 들어야 했다. 이것은 이념과 상관없는 문제다. 좌파에게 총애를 받는 무신론자라고 해서 그 대상이 되지 말라는 법은 없다.

왜 감탄을 견디지 못하는 것일까? 그 이면에는 저항심이 아니라 자기방어가 자리하고 있다. 타인을 쉽게 믿는, 아이처럼 마냥 순진한 사람이 되고 싶지 않다는 것, 그리고 세상 사람들 앞에서 단순한 사람으로 웃음거리가 되고 싶지 않다는 것이다. 현대인은 자신이 멋지다고 생각하는 대상을 휘둥그레진 눈으로 쳐다보는 걸 남들에게 들키고 싶어 하지 않는다. 감탄은 창피한 것이고 뒤처졌다는 뜻이며 사람들은 그것을 부끄러워한다.

교양의 측면에서 이것은 무엇을 의미할까? 사람들은 감탄에 저항하는 것이야말로 배운 자들의 특징이라고 이야기한다. 어떤 일을 곧이곧대로 믿기보다는 정확히 알고, 선입견과 대세 의견에 의문을 제기하면서, 신화와 교리와 체계를 무너뜨리는 것이 자기계발의 최종 목적이라고 믿는 듯하다. 배운 사람은 비판적인 사람이다. 어쨌거나 스승에게 무조건 복종하는 것과 멀어진 현대식 교육에 따르면 그렇다.

오래전부터 사람들은 긍정을 몽매한 과거의 것으로 치부해 왔다. 다루기 어려워야 예술이며, 교양 교육의 시작과 끝도 의심과 전통의 붕괴, 비판 능력에 있다는 것에 합의를 이뤘다. 일부는 맞는 말이지만 이것이 교양의 전부는 아니다. 교양에서 비판은 중요한 요소지만, 핵심 동력은 아니다. 사람들은 궁금증만으로 책을 펼치거나 악기를 들고 오페라 공연 티켓을 구매하지 않는다. 여기에 쏟는 시간과 노력 끝에 특별히 감탄할 만한 무언가가 기다리지 않는다면 이 모든 수고를 감내하려 하지 않는 것이다.

노예의 복종과 같은 맹목적인 태도를 이야기하려는 게 아니다. 많은 이에게 호평받은 작품이 나에게는 그다지 유용하지 않다거나, 그 안에서 별다른 의미를 발견하지 못할 수 있다. 하지만 인류의 유산이 지닌 가치는 일단 신뢰해야 한다. '교양의 길'을 제시했던 사람들이 걸어온 길을, 따라갈 만한 가치가 있다고 받아들여야 한다. 그 길의 끝에 이르면 실제로 무언가 귀중한 것을 얻을 수 있다고, 이를 통해 삶이 풍부해질 것이라고 확신을 가져야 한다. 교양을 향해 걸어가는 동안 숱한 비판과 모순, 재평가가 이루어지기도 한다. '어쩌면'이나 '하지만' 같은 부정의 말들이 등장할지도 모른다. 하지만 그 시작과 끝에는 항상 긍정이 있다.

나에게도 이를 명확히 일깨워준 사람이 있다. 내가 《프랑크푸르터 알게마이네 차이퉁》에서 기자로 첫발을 내디딜 때 문예부 선배였던 게르하르트 슈타델마이어(Gerhard Stadelmaier)다. 그는 독일에서 글솜씨가 가장 좋았으며 훌륭한 연극평론가였다. 그는 특히나 고전 작품의 미학적인 측면을 공격적으로 망가뜨리는 작품이나, 정치적인 신념을 고백할 목적으로 겉보기에만 혁명적으로 작품을 이용하는 창작자를 인정사정 없이 비판했다. 한번은 나의 아내가 어떤 책의 평론을 요청했더니, 그는 당시 유행하던 연출 방식을 가리키며 "구성까지 해낼 자신이 없는 딜레탕트들(예술이나 학문 따위를 직업으로 삼지 않고 취미로 하는 사람들 – 옮긴이)을 위한 변명의 가면"이라고 조롱했다.

당시에 아직 젊은 기자였던 나는 그의 혹독한 판단을 회의적인 시선으로 바라봤다. 그는 고전을 지나치게 신뢰했다. 당대 지식인에게 반감을 품은 사람처럼 보이기도 했다. 하지만 그가 했던 말의 핵심은 의심할 여지가 없었다. 그는 어떤 대상을 개조하거나 허물기 전에 먼저 형성을 이루어야 한다는 것을 이해했다. 구성(Construct)이 해체(Deconstruct)를 앞서고, 해체는 구성에 의존하며, 예술가와 관객 그리고 청중 사이에는 작품의 가치와 아름다움에 대한 근원적인 협의가 이루어져야 한다는 사실을 알고 있었다. 그런 협의가 없다면 모든 노래와 춤, 놀이는 그만두고 잊어버리는 게 차라리 낫다. 후기 문명에 대한 회의적이고 반어적이며 영리하면서도 고통스러운 모든 '부정'은 육중한 고대의 '긍정' 위에 놓여야만 했다. 그렇지 않으면 문화는 무용지물이나 마찬가지이기 때문이다.

이처럼 긍정이 우선순위에 놓여야 한다는 사실을 특별한 절박함으로 강조한 소설이 있다. 현대의 '혁명적인 문학 작품'으로 꼽히는 소설 『율리시스』다. 제임스 조이스가 1922년에 발표한 이 작품은 도덕 수호론자들과 무신론적인 전통주의자들에 의해 "부패한 글"이라는 악평을 받았다. 이야기의 중심에는 더블린의 신문광고 판매원 리오폴드 블룸과 그의 아내 몰리의 지극히도 불완전한 결혼 생활이 있다. 소설 속 사건은 1904년 6월 16일 단 하루 사이에 일어난다. (이날은 현재까지도 '블룸스데이'라고 불리며 매년 전 세계 조이스 팬들에 의해 기억되고 있다.) 몰리는 오후에 자신의 애인과 잠자리를 갖고, 늦은 저녁에는 침대에 누워 리오폴드가 술집 투어를 마치고 집으로 돌아오길 기다린다. 남편을 기다리는 동안 그녀는 '내적 독백'을 하는데, 이를 마치 속기로 받아 적은 듯한 형식의 마지막 장(章)은 20세기 문학사에 길이 남을 텍스트로 손꼽힌다. 이 부분을 통해 '의식의 흐름'이라는 문학적 기법이자 형식이 확립되었다.

놀랍게도 몰리 블룸의 마지막 독백은 절망이나 저항의 기록이 아닌 합의와 열광의 기록이다. 몰리와 리오폴드의 부부 관계가 얼마나 불완전하고 불만족스러웠든 간에 소설의 마지막 부분에서 몰리는 결국 자신의 남편을 떠올린다. 그녀는 리오폴드와의 혼인 서약에 이어 유년 시절의 기억도 길어 올리는데, 유년 시절의 배경이 되는 지역은 현재 그녀가 사는 아일랜드로부터 멀리 떨어진 영국의 직할 식민지 지브롤터다. 그곳의 이국적인 분위기는 소설 속 황량한 현재 시점에서 리오폴드를 향한 '긍정(Yes)'의 정신적 무대이며, '긍정'은 몰리의 내적 독백에서 점점 더 빠르고 지배적으로 반복된다. "내가 야산의 꽃이었던 어린 소녀였을 때 그래(Yes) 나는 안달루시아 소녀들이 그렇듯이 장미를 머리에 꽂았지 아니면 빨간 걸 달아야 할까 그렇지 그리고 그이가 무어 양식의 성벽 아래서 나에게 키스했는데 나는 그가 다른 사람만큼은 훌륭하다고 생각했지 그런 다음 눈짓으로 나는 그가 다시 물어올 것을 요구했어 그래 그리고 그다음에는 그이가 나에게 원하는지 물었지 내가 그래라고 답하겠느냐고 나의 야산의 꽃이여 그리고 나는 먼저 나의 팔을 그이의 목에 두르고 그를 나에게로 끌어당겼어 그이가 나의 가슴을 느끼고 그 향기를 맡을 수 있도록 그래 그러자 그이의 심장은 미친 듯이 뛰었고 나는 그래라고 말했어 그렇게 하겠어요 네."

관습적이지 않고 단정하지도 않은 프러포즈 묘사다. 몰리의 흥분된 독백이 성적인 의미로 가득한 기억의 그림들을 훑으며 지나간다. 수많은 근거가 '자위 판타지'를 기록했음을 뒷받침하지만, 이 장면은 성스럽든 동물적이든 간에 '합의'에 대한 강력한 찬양이다. 부부의 긍정 안에서 창조의 긍정이 메아리처럼 울려 퍼지고, 존재가 무(無)를 선행한다는 사실을 뜨겁게 고백한다. 괴테의 『파우스트』에서 악마는 말한다. "나는 끊임없이 부정을 일삼는 정령이다." 조이스도 이 공식을 알았다. 그는 1921년 8월에 쓴 한 편지에서 "나는 끊임없이 긍정하는 육신이다"라고 밝히면서 소설 속 여주인공이 보여준 통제할 수 없는 생명력을 내세우며 불모의 허무주의에 대항했다.

❖ ❖ ❖

이 사회는 긍정에 대해 공포에 가까운 두려움을 갖는다. 오바마가 대통령으로 당선되던 시기에 행복한 분위기를 거부하는 움직임이 그 두려움을 증명하고도 남는다. 긍정을 거부하는 방법으로 특별히 허락받은 이 현실주의자들은 미리 대통령의 실패를 점치며 "역시 정치는 지저분하거나 헛된 일"이라는 음울한 확신과 함께 뒷걸음질 치면서 스스로가 영리하다고 생각한다. 하지만 희망에 찬 사람들보다 이들이 깨달은 것은 많지 않다. 감탄하는 능력이 사람을 멍청하게 만들고 냉철함이 똑똑하게 만든다는 생각은 크나큰 착각이다. 자신은 이미 모든 일을 겪어봤다고 자부하는 사람, 세상사 모든 일은 그저 단조로운 일의 반복이며 자신을 놀라게 하는 것은 이제 아무것도 없다고 말하는 사람은 지혜로운 게 아니라 사안을 제대로 볼 줄 모르는 것이다. 이런 사람들은 무엇이든 이미 다 안다는 생각에 사로잡혀 새로운 것을 시도해 보려 하지 않고, 혹여 시도해 볼 만한 것이 생기더라도 실행하지 못하게 된다. 물론 들뜬 분위기 속에서도 언제나 깨어 있는 시각을 유지해야 할 필요는 있다. 하지만 검열을 입에 올리기 전에 특별한 것은 특별한 것으로, 위대한 것은 위대한 것으로 알아보고 인정할 줄 알아야 한다.

내가 만약 미국 대통령 선거에 들뜬 열세 살짜리 아들에게 "잠이나 자"라고 말했으면 어땠을까. 정치에서 개인이 보여주는 카리스마나 도덕적 영감을 믿으면 안 된다고 일러두었다면? 눈에 보이는 모든 것은 결국 권력을 둘러싼 싸움이며, 누가 당선되든 세상은 크게 바뀌지 않을 거라고 얘기했다면? 아들에게 좋을 건 하나도 없었을 것이다. 어린아이에게 냉철한 시각을 요구하는 게 부당해서가 아니다. 오히려 그 반대다. 아들의 호기심을 막고 시선을 차단하는 행동은 그에게서 통찰력을 키울 기회를 빼앗는 것과 다름없다. 도리어 아이의 세상을 좁게 만들 것이다. 분별력을 키우지 못하고 자신을 신뢰하지도 못하는 아이는, 다른 사람이 이미 완성해 놓은 진부한 말들을 구태여 시험하지 않는 수동적인 존재가 되었을 것이다.

이것은 우리의 다음 세대를 자유롭고 선한 시민으로 길러내는 좋은 방법이 아니다. 모든 것을 꿰뚫어 볼 수 있다고 생각하는 냉소주의는 사람을 참여적이 아니라 수동적으로 만든다. 냉소적인 사람은 자신에게 주권이 있고 스스로를 뛰어난 존재로 여기겠지만, 사실 냉소주의야말로 누군가에게 종속된 신하에게나 어울리는 덕목이다.

무엇이든 다 똑같을 거라는 생각은 곧 자유의 죽음을 의미한다. 이런 생각이 독재의 우울한 분위기나 전체주의적 사회에서 환영받는다는 건 우연이 아니다. 정치적으로 바른 말을 하고 공공의 사안에 참여하기 위해서는 스스로에 대한 확신과 타인을 신뢰하는 시선을 가져야 한다. 의심으로 채워진 냉정한 수프만으로 버티는 다이어트는 우리의 정신에 충분한 영양을 공급해 주지 못한다.

이처럼 뭐든지 비판하고 보는 태도는 결국 정신적인 침체로 이어지고 만다. 작가 C. S. 루이스(C. S. Lewis)는 1940년에 이미 이런 태도의 변증법을 매우 명확하게 정리해서 묘사한 바 있다. 문헌학자로 출발해 케임브리지대학교에서 영국의 중세 문학과 르네상스 문학을 가르치던 교수로 경력을 마무리한 루이스는 판타지 소설 『나니아 연대기』의 작가로도 잘 알려졌다. 1943년 영국이 히틀러를 상대로 제2차 세계대전에서 나라의 존폐를 놓고 싸우던 당시, 루이스는 『인간 폐지』라는 제목의 짧은 책을 출간했다. 전쟁을 겪은 이의 관점에서 교육학 개념을 검토한 책이다. 전쟁과 같은 극단적인 상황에서 여전히 유효하고 진실한 인간상은 과연 무엇일까?

루이스는 특히 자유를 사랑하는 마음이나 정의감 같은 미덕에 대해 '현실성이 없다'거나 '객관적인 효력이 떨어지는 개인의 정신상태일 뿐'이라고 치부하는 경향을 분석하고자 했다. 그는 이런 종류의 상대주의가 정치적인 면에서 비참한 일이라고 생각했다. 만약 그 모든 미덕이 그저 공상에 지나지 않는다면 (그러한 정신과 태도를 가지고도 나치일 수 있다면) 그 누가 자유와 정의를 지키려고 스스로를 희생하며 죽음까지 무릅쓰겠느냐는 말이다.

루이스는 지식적인 측면에서도 이런 태도에 결함이 있다고 보았다. 모든 위대한 것을 뻔한 것으로, 모든 진실한 것을 그저 허상으로 축소하는 전체주의적 탈(脫)환상이야말로, 일종의 환상이자 사고의 오류라는 것이다. "사물을 해치워버리는 식의 설명은 영원히 지속될 수 없다. 언젠가는 설명 자체를 해치워버렸다는 사실을 깨닫게 될 테니 말이다. 사물을 '간파'하는 방식이 계속 지속될 수는 없다. 간파, 즉 꿰뚫어 본다는 것이 의미가 있는 이유는, 말 그대로 어떤 대상을 관통하여 볼 수 있기 때문이다. 창문 너머가 훤히 들여다보이면 좋은 이유는, 그 너머에 있는 불투명한 거리와 정원을 볼 수 있기 때문이다. 모든 근본을 '간파'하려는 것은 의미가 없다. 모든 것을 간파하면, 모든 대상의 안을 훤히 들여다보게 된다는 뜻이 된다. 하지만 전부 속이 들여다보이는 세계는 결과적으로 눈에 보이지 않는 세계가 된다. 모든 것을 간파한다는 것은 아무것도 보지 못한다는 의미다."

교양은 이처럼 '설명으로 해치우는' 성향과는 분명히 반대되는 개념이다. 교양인은 아름답거나 특별한 대상을 알아보고 이에 감탄하기를 두려워하지 않는 사람이다. 시스티나 성당에 그려진 미켈란젤로의 「최후의 심판」 앞에 서서, 작품을 탄생시키기 위해 예술가를 고통스럽게 했던 가톨릭교회의 잘못을 다짜고짜 비난하지 않는다. 흠잡기를 좋아하며 모든 것을 검열하려는 이런 성향은 수박 겉 핥기 식 교육의 전형적인 특징이다.

교양인이라면 우수하고 놀라운 대상을 보았을 때 섣불리 익숙하거나 아는 것으로 대상을 격하시켜 생각의 폭을 제한하지 않는다. 우리는 1장에서 고대 그리스 예술과 호메로스의 시 『일리아스』를 살펴보았다. 이제는 역사적 전제에 대해서 생각해 볼 차례다. 카를 마르크스는 매우 유익하고 긴 기록을 남겼다. 그의 인상적인 분석에 따르면, '아름다움과 시학의 마법 왕국'인 고대 그리스는 전근대적 역사시대의 신화적인 세계관과 자연에 대한 불충분한 통제력 덕분에 탄생할 수 있었다. 놀랍게도 마르크스의 결론은 다음과 같다. "하지만 이해하기 어려운 점은, 그리스의 예술과 서사시가 사회의 특정 발전 형식과 관련이 있다는 게 아니라, 그때의 예술이 여전히 우리에게 예술적인 즐거움을 주고, 도달할 수 없는 이상과 어떤 기준으로서 유효하다는 사실이다." 그러니까, 마르크스가 놀랍고 인상적이라고 생각했던 지점은 고대의 대작들과 시대·사회적 배경 사이의 상관관계가 아니라, 오히려 그 독립성에 있었던 것이다. 즉, 어떤 해석에 감탄한 것이 아니라 해석할 수 없다는 사실에 감탄한 것이다. 계급의 이해관계와 역사적 제약의 실체를 예리하게 포착했던 유물론자 마르크스는, 대상의 실체를 드러내는 것의 한계가 어디까지인지, 어느 시점에 그저 정중하게 정신적 존경을 표하는 게 더 좋을지를 정확하게 알고 있었다.

앞서 그리스를 각별히 사랑하는 인물로 소개한 역사학자 야코프 부르크하르트는 마르크스와 같은 시대를 산 인물이다. 그는 역사 속 영웅에 비해 '작고 보잘것없는 우리'를 익살맞게 표현했다. 스스로를 보잘것없는 존재로 여기는 마음은 내면에 쉽게 반감을 일으키고 더 높은 자리에 있는 대상을 아래로 끌어내리고 싶은 감정으로 이어진다. 반면에 교양인들은 이러한 악의에서 자유롭다. 그들은 기꺼이 작고 보잘것없는 사람이 된다. 더 정확히 표현하자면 그들은 경탄할 만한 대상을 향해 경탄할 때야말로 스스로가 작고 보잘것없는 존재에서 가장 멀어진다는 것을 안다. 흔히 감탄을 굴욕으로 보거나 수준 낮은 행위라고 생각하는 사람들이 있다. 보행자가 높은 단 위에 놓인 기마상(騎馬像)을 쳐다보듯이, 시선이 아래에서 위로 향할수록 아래에 있는 인간의 존엄성은 상처를 입는 듯하다. 하지만 착각이다. 감탄은 사람을 작아지게 만들지 않는다. 존경과 마찬가지로 감탄은 비굴함과는 관계가 없으며, 의무적인 것이 아니라 자발적인 것이기에 복종을 의미하지도 않는다. 감탄은 누구에게 빚진 감정이 아니라 기꺼이 주는 마음이다. 흔쾌히 인정하고 베푸는 관대함의 표현인 셈이다. 감탄하는 사람은 외부의 결정에 좌우된다거나 억압받는다고 느끼지 않는다. 그들은 자유롭다. 깊은 숨을 쉴 때처럼, 넓게 펼쳐진 풍경을 바라볼 때처럼, 자유롭다.

감탄하는 법을 배워야 한다. 나는 학창 시절에 군인들의 훌륭한 업적에 살짝 홀려 있었다. 어렸을 때 『위대한 지상 전투(Die großen Landschlachten)』라는 책을 우연히 손에 넣게 되었는데, 이 책은 나폴레옹이 마렝고 전투에서 어떻게 전열을 세우고 어떤 뛰어난 방식으로 병력을 이동시켰는지를 설명하고 있다. 화살표와 사각형 등 여러 기호와 도형이 그려진 지도와 도안이 실려 있던 것으로 기억한다. 나는 그 책을 보면서 열심히 연구했다. 부모님은 내가 실탄을 가지고 노는 것도 아닌데 나의 관심사를 걱정스러워했다. 그들은 내 관심을 다른 데로 돌릴 계획을 세웠다. 하루는 『세계의 위인들(Die Großen der Welt)』이라는 제목의 두껍고 푸른 책을 건넸다. 탐험가, 발명가, 연구가, 예술가, 음악가, 작가, 철학자의 삶에 관한 짧은 이야기를 엮어놓은 책이다. 마리 퀴리(Marie Curie)가 어떻게 방사능을 발견했고 로베르트 코흐(Robert Koch)가 어떻게 결핵균을 발견했는지 나는 그 책을 읽고 알았다. 또한 불쌍한 기사 돈키호테와 그의 우스꽝스러운 충복 산초를 탄생시킨 작가 미겔 데 세르반테스(Miguel de Cervantes)가 젊은 시절 스페인 해군으로 배를 타다가 5년간 해적에게 잡혀 있었던 이야기도 실려 있었다. 이런 이야기는 마치 내가 어린 시절 가장 좋아했던 책『보물섬』에서나 나올 법한 이야기였다. 그 책에는 괴테가 바이마르에서 연극 연출을 하던 시절, 당시까지만 해도 고급 예술만이 오를 수 있었던 무대 위에 한 대공이 훈련받은 개를 세워야 한다고 고집을 부렸고, 그 바람에 괴테를 거의 미치게 만들었다는 에피소드와 같이 잡다한 이야기들도 실려 있었다.

『세계의 위인들』에서 최고 지휘관이나 정복자의 이야기는 찾아볼 수 없었다. 그런데도 이 책은 내게 진정한 의미의 위대함이 무엇인지 가르쳐주었다. 처음에는 별로 내키지 않았지만 이 평화로운 영웅들의 이야기를 읽는 것은 훗날 내게 꽤 효과적인 치유법이 되었다. 정신적 전투를 벌이는 이들의 운명에도 극적인 요소가 있었다. 일례로 프랑스의 앙투안 로랑 라부아지에(Antoine Laurent de Lavoisier)는 연소(燃燒) 과정에서 산소가 하는 역할을 밝혀낸 화학자다. 그는 1794년 프랑스혁명 당시 혁명가 로베스피에르(Robespierre)가 펼치는 공포정치 아래서 소위 '착취를 일삼는 귀족'이라는 이유로 단두대에 서야 했다. 법정에서 그를 변호했던 이는 라부아지에가 얼마나 중요한 과학자인지를 조심스럽게 호소했다. 그러자 재판장은 소리쳤다. "공화국에 화학은 필요 없습니다!" 2000년도 더 전에, 철학자 소크라테스도 재판에서 패소했다. 500명의 시민이 참석했던 민중재판에서 그는 신을 부정하고 올바른 삶과 행동에 대한 부담스러운 질문으로 청년들을 현혹했다며 사형을 선고받았다. 나는 아직도 그 책에서 소크라테스의 이야기에 눈에 띄게 강조해 놓은 제목을 잊지 못한다. "360명의 시민이 그의 죽음에 찬성했다." 나는 위대함이란 사실상 용기와 담대함과 관련이 있음을 깨달았다. 위대함이란 스스로가 옳다고 믿는 바를 위하여 필요하면 혼자서도 싸울 준비가 되어 있는 태도를 요구한다. 이를 이해했다면 얼마든지 감탄해도 좋다. 깨달은 사람, 성숙한 사람이 된다는 것은 누구도 영웅으로 삼지 않겠다는 뜻이 아니라, 적격인 대상을 찾아 영웅으로 삼겠다는 뜻이기 때문이다.

세계의 위인을 다룬 이 청소년 도서는 내게 이상적이고도 유익한 독서 경험으로 남았다. 나는 성인이 된 이후에도 위대한 인물에 관해 전해져 내려오는 이야기는 읽어야 한다고 생각한다. 독일어권에서 가장 오랜 기간 사랑받은 책은 오스트리아 작가 슈테판 츠바이크(Stefan Zweig)가 쓴 『인류사를 바꾼 순간』이다. 이 책은 센세이셔널리즘(본능과 호기심을 자극하여 대중의 인기를 끌어 이득을 얻으려는 보도 경향)을 띠는 문체에 격앙된 산문으로 세계사의 여러 사건을 서술했다. 오라토리오 「메시아」의 뜨거운 합창 「할렐루야」를 완성하기 위하여 게오르크 프리드리히 헨델(Georg Friedrich Händel)이 어떻게 그토록 위중한 병상에서 힘겹게 몸을 일으켰는지, 공병(工兵) 장교 루제 드 릴(Rouget de Lisle)이 1792년 4월 25일 전우들을 고무하기 위해 쓴 곡이 어떻게 프랑스라는 한 나라의 국가(國歌) 「라 마르세예즈」가 되었는지 등을 담고 있다. 정서적인 문화를 향한 존경의 마음을 일으키기에 나쁘지 않은 책이다.

좀 더 조용하고 조심스럽게 감탄의 경지에 이르고 싶다면 철학자이자 산문가였던 발터 베냐민의 아름다운 편지 모음집 『독일인들(Deutsche Menschen)』을 추천한다. 이 책은 나치가 선전하는 국수주의와 군국주의 행태에 대비되는 대안으로, 1937년 스위스의 한 출판사에서 발간되었다. 권력과 성공, 국수주의와는 거리가 먼 18~19세기 작가와 사상가의 정신세계를 반영하는 편지를 담고 있다. 이 책의 머리말에는 독재라는 목적으로 남용되어서는 안 될 영웅주의에 대한 신봉이 드러난다. "명성 없는 명예, 광채 없는 위대함, 보수 없는 위엄."

서재에서 딱히 할 일이 없을 때면, 과거 영국 총리를 지낸 윈스턴 처칠(Winston Churchill)의 연설문 모음집을 꺼내 든다. 이 책은 1940~1941년 영국이 거의 혼자서 히틀러를 견뎌내고 있을 때 처칠이 했던 연설을 담고 있다. 나는 목적 없이 책장을 넘기다가 진격하는 독재에 대한 분노가 묻어나는 단락이나, 지친 국민에게 결국 정의가 승리할 것이라고 호소하는 단락, 적대의 시대가 저물고 새롭게 펼쳐질 평화로운 미래를 그리는 단락에서 이따금 멈춘다. 그의 장엄하고 고풍스러운 문장에서는 전쟁과 자유에 대한 격정이 느껴진다. 처칠의 문장은 마치 수사학의 범선으로 이루어진 함대가 바람에 팽

팽해진 돛을 달고 어둠의 세력을 향해 대포를 발사하며 항해하는 모습을 떠올리게 한다. 지금의 나와는 별 상관 없는 이야기이고 나에게는 완수해야 할 영웅적 임무도 없지만, 어째서 나는 처칠의 연설을 읽으면서 행복과 긍지의 감정을 느끼는 걸까? 아마도 인간이기에 이러한 문장을 말할 수 있다는 벅차오름 때문일 것이다. 그리고 나는 다시 책장을 덮고 기쁜 마음으로 소소한 일상으로 돌아간다.

성숙한 생각은 어떻게 만들어지는가

교양은
어떻게 우리를 더 나은
사람으로 만드는가?

책의 앞부분에서는 거의 제쳐두고 시작했지만, 책을 마치기 전에 우리는 이 질문을 꺼내볼 필요가 있다. 만약 이 '안내서'에서 이해하는 방식대로 교양을 인생의 안내자로 받아들인다면 실로 의미 있는 질문이기 때문이다. (경력을 쌓거나 지위를 드러내기 위한 수단으로 교양을 사용하지 않는다면 말이다.) 교양이 인간적으로 그렇게 중요하다면 인간인 우리에게 무언가를 해주어야 마땅할 것이다. 교양은 우리를 정말 좋은 삶으로 이끌까? 교양은 우리 자신에게만 좋은 걸까? 아니면 다른 이들을 위해서도 좋은 걸까?

앞선 시대의 사람들은 이 질문에 큰 확신을 가지고 답했을 것이다. 그들은 교양이 자신의 태도와 행동의 기준이 되고, 본보기가 되며, 본받고자 애써야 할 모범을 제시한다는 확신을 갖고 있었다. 배움에는 지식을 얻는다는 의미뿐만 아니라 실행하는 방법을 연습하고 미덕을 훈련한다는 의미도 있다. 유럽에서 지배계급의 소년들은 수백 년 동안 이와 같은 정신을 이어받았다. 플루타르코스(Plutarchos)가 저술한 고대 정치가들의 전기를 공부하면서 말이다. 그는 고대 그리스와 로마에서 유명한 정치인들의 생애와 영웅으로 기억될 만한 인물의 이야기를 묶어 위인들의 업적을 포괄하는 완전한 총서로 엮었다. 사람들은 그 책을 통해 로마 공화정 말기의 뛰어난 정치가 율리우스 카이사르(Gaius Julius Caesar)나 고대 아테네 민주정치의 전성기를 이룩한 페리클레스(Perikles) 등이 어떻게 권력과 영예를 얻고 그것을 통해 자신의 야심을 실현했는지 확인했다. 하지만 이 모든 것은 오늘날 우리에게 지나치게 남성 우월주의적이고 너무 먼 옛날 이야기처럼 느껴진다.

나는 교양이 인간에게 어떤 가치를 지니는지에 대해 두 가지 답을 갖고 있다. 이 둘은 서로 다르고 심지어 모순된 것처럼 들리지만, 나는 둘 다 옳다고 확신한다.

첫 번째 답은 이 책의 서문과 9장에서 거론한 내용과도 관련이 깊다. 나는 교양이 우리의 관습적인 행동과 편협함을 깨뜨리면서 우리의 감정이입 능력과 도덕적 상상력을 확장한다고 주장했다. 교양은 낯선 대상, 과거, 애써 찾지 않았다면 마주칠 계기가 없었을 사상, 우리를 자극하는 세계관과 만나도록 돕는다. 우리를 눈뜨게 만든다.

이 과정은 당신이 생각하는 것보다 훨씬 더 인류애에 가까워지는 계기가 되어준다. 도덕적인 실패는 대부분 악의보다는 상상력이 부족해서 일어난다. 상상력이 없다면 우리는 타인의 고통과 그들의 이야기, 그들의 처지에 공감할 수 없다. 애정이 결여된 태도의 끝은 타락이 아니라 몽매함으로 이어진다.

19세기 중반 유복한 시민계급이 노동자들의 고통에서 등을 돌린 시기에, 영국인 작가 메리 앤 에번스(Mary Ann Evans)는 사람들의 편협함을 방해하는 것이 문화의 순기능임을 간파했다. 그는 경험을 통해 사회가 현실을 직시하지 못한다는 걸 잘 알고 있었다. 그는 이혼할 수 없는 유부남과 동거했고 이로 인해 아웃사이더로 살아갈 용기를 지녀야 했다. 책은 (톨스토이가 쓴 세기의 소설과 견줄 만한 걸작 『미들마치』가 바로 그녀의 저서다) 가부장적인 시대와 문학계의 특성을 고려해 남성성이 강한 필명 '조지 엘리엇(George Eliot)'이라는 이름으로 발간해야 했다.

첫 책을 출간하고 난 이듬해인 1856년 엘리엇은 에세이 한 편을 더 발표한다. 이를 통해 그는 예술의 정당성에 대해 서술했다. 내가 보기에 이 글은 절반 정도는 교양의 정당성에 관한 이야기다. "화가든, 시인이든, 소설가든, 우리가 예술가에게 얻는 가장 큰 소득은 공감의 확장이다. 일반화와 통계에 바탕을 둔 호소는 이미 고정된 공감대를 대상으로 한다. 한편 위대한 예술가가 보여주는 삶의 그림은 그 어떤 바보나 이기주의자가 와도 놀랍도록 자기 외적인 것에 관심을 기울이게 만든다. 이것이야말로 도덕적 감수성의 원료라고 할 수 있다." 엘리엇의 말에 따르면 가난과 차별에 관한 문학적인 서술은 "상위 계급과 하위 계급 간의 연결과 오만한 신분 의식을 극복하는 데 수많은 훈계와 설교, 철학 논문보다 더 의미가 있다. 예술은 삶과 가장 맞닿아 있으며 경험을 늘릴 수 있는 수단이 된다. 또한 예술은 개인적으로 교류할 수 있는 한계를 뛰어넘어 다른 이들의 삶과 관계 맺는 길을 열어준다." 예술 작품을 접하는 것은 자신의 무지와 편협함, 편견을 극복할 기회를 얻는다는 의미다.

이것이 혹시 시대착오적인 생각은 아닐까? 조지 엘리엇은 150년도 더 전인 빅토리아 시대에 이 글을 남겼다. 당시에는 실제로 특권층이 상아탑 안에서 스스로 사회적 무관심과 도덕적 편협함에 갇혀 있는지조차 모르던 때였다. 반면 현재 우리는 어려운 현실과 소외 계층에 주의를 기울이도록 교육받은 고도로 민감한 정보화 시대를 살고 있다. 엘리엇이 지적한 감정이입 능력과 공감의 거부는 더 이상 절박한 문제가 아닌 듯하다. 그런데도 왜 하필 편협함과 메마른 감성을 극복하기 위해서 고문화의 산물을 접해야 하는 걸까?

그 이유는 우리가 아무리 현대 교육을 잘 받았을지라도, 절대 처음부터 정신적으로 깨어 있거나 저절로 공감 능력을 기를 수는 없기 때문이다. 우리는 이전 시대 사람들과 마찬가지로 내키지 않는 대상에게는 관심을 주지 않으려는 경향이 있다. 현실은 이미 넘치도록 풍부하게 채워져 있기에, 우리가 스스로에게 허용하는 대상들은 자신이 속한 무리와 주변 사람들의 의견, 개인적 관심사나 가치 기준에 따라 달라진다. 우리의 인식은 실제로 매우 선택적이며, 우리는 우리가 좋아하는 상상을 의심하지 않는다. 또한 이미 알고 있는 전제를 그대로 수용하려는 경향도 확인할 수 있을 것이다.

이 세상 어딘가에 있는 무슬림에 관한 그 어떤 보고서도, 이슬람을 적대하는 사람들이 히잡을 두른 여성들에게 느끼는 반감을 없애주지는 못한다. 어떤 사업가가 선한 의도로 세운 복지재단 하나가 자본계급을 향한 극좌파의 증오를 잊게 하지는 못한다. 어느 한쪽 편에 선 습관화된 신념은 우리의 도덕적 상상력을 제한하고, 많은 경우에 우리의 호기심까지 제한한다.

하지만 교양은 다르다. 어떤 책을 펼치지 않겠다고 결심하거나 읽던 책을 덮을 수는 있다. 그렇지만 적어도 책을 읽는 동안만큼은 책 속 등장인물과 작가의 생각에 무방비 상태로 노출된다. 그들이 우리에게 보여주려는 것을 우리는 봐야만 한다. 그것들을 견디면서 그것들에 관해 생각해야 한다. 독서를 하고 있는 눈은 상상력에 제한을 두고 보지 않는다. 인도에 앉아 있는 걸인은 그냥 지나칠 수 있어도 (혹은 그쪽을 쳐다보지 않기로 마음먹을 수는 있어도) 소설 속에 등장하는 걸인은 피할 수 없다. 그를 줄거리에서 배제할 수 없으며 그의 이야기를 들어야만 한다. 그를 통계의 일부로 축소할 수도 없고 그가 지닌 인간성을 받아들이지 않을 도리도 없다. 이렇듯 예술 작품과 철학자들의 생각은 역설적이게도 우리를 현실 그 자체보다 더 엄격하게 현실과 마주하게 한다.

조지 엘리엇은 소설 『미들마치』에서 다음과 같이 서술했다. "우리가 평범한 인간 생활의 모든 것을 전부 예민하게 보고 느낀다면, 그것은 마치 풀잎이 자라나는 소리를 듣거나 다람쥐의 심장박동을 듣는 일과 마찬가지일 것이다. 그러다가 우리는 끝내 침묵 저편의 커다란 울부짖음을 듣고 죽어버릴지도 모른다. 하지만 실상은 가장 예민하고 똑똑한 사람들조차 두툼한 우둔함을 둘러싼 채로 다닌다는 것이다." 위대한 걸작들은 무감각의 우둔함으로부터 우리를 해방시켜 준다. 우리의 마음을 두텁게 덮고 있는 것들에서 벗어나면, 풀잎이 자라는 소리와 다람쥐의 심장박동 소리를 들을 수 있다. 그리고 우리는 그 소리를 들어야만 한다.

교양이라는 세계에 접근하는 일은 어렵게만 느껴진다. 위대한 작품들은 어쩐지 거리감이 느껴지고 읽은 것을 당장에 적용하기도 어렵다. 아니, 그 전에 내용을 이해하기조차 버겁다. 학생들은 종종 고전문학에 등장하는 인물과 자신을 동일시하지 못하고, 역사적 상황에 공감할 수 없다고 토로한다. 하지만 바로 그런 점 때문에 교양은 존재의 의미를 갖는다. 언제 어디서나 한 개인이 익숙한 세계만을 마주하도록 놔두지 않는다는 점 말이다.

교양은 텔레비전에서 매일같이 들려오는 소식과 다른 주제를 접하게 한다. 교양은 호메로스의 공격적인 영웅들부터 버지니아 울프의 예민한 영웅들까지, 절대 처음부터 익숙하지도, 공감이 가지도 않았던, 어쩌면 우리 사회가 절대 선택하지 않았을 사상과 사람들을 우리 앞에 데려다 놓는다. 스스로를 초월하고, 안전지대를 벗어나게 하고, 언짢고 불쾌하게 느껴지는 대상을 수용하도록 강요하는 것이 바로 교양이 갖는 도덕적 효과다. 프란츠 카프카는 1904년 편지에서 문학이 감수성을 예민하게 만드는 것에 대한 찬사를 과장되게 서술했다. "사람들이 만약 책을 읽는다면, 마치 물리고 쏘이는 효과를 줄 수 있는 그런 책들만 읽어야 한다고 생각한다. 우리가 읽는 책이 우리의 머리를 주먹으로 내리쳐서 우리를 잠에서 깨우지 않는다면, 대체 무엇을 위해 그 책을 읽는 것인가? … 책은 우리 안의 꽁꽁 얼어 있는 바다를 깨트리는 도끼여야만 한다."

다만 교양이 인생에 가져다주는 가치를 논하면서 관용과 연대, 공감과 같은 이타적인 감정만 논한다면 그것은 솔직하지 못한 답변이다. 교양을 통해 얻을 수 있는 또 하나의 이점은 순수하게 개인적이고 개별적이며 오로지 나 자신만을 위한 것이다. 바로 교양이 선물하는 내면의 자유다.

교양은 공감을 가르쳐주는 동시에 대상과 일정한 거리를 두게 한다. 여기서 말하는 거리는 인간과 인간 사이의 거리가 아니다. 근면과 단조로운 실용주의적 사고, 유행과 다수의 의견, 그저 여론을 따라가는 태도, 대안이 없다고 주장하는 현재에 대한 거리감을 말한다. 자의식을 강화하는 교양은 굳이 모든 사안에 일일이 참여하고 개입하지 않아도 된다는 평온한 확신을 안겨준다. 교양은 실리적인 목적 없이도 그 자체로 소중한 것들이 존재함을 알아가는 과정이다. 교양은 자국의 입장이나 사회의 진보, 자기 발전을 위해 배우고 가르쳐야만 하는 것이 아니다. 그저 아는 것이 모르는 것보다 낫고, 인간의 기본욕구인 아름다움을 추구하기 위해서 쌓아야 하는 것이다. 교양은 '우리'를 존중하는 한편, 개별적인 선호와 열정, 호기심을 가진 '나'를 보살핀다. 교양이 전혀 신경 쓰지 않는 부류가 있다면 이미 주변에 적응해 버린 익명의 '누군가'다.

내가 중·고등학생이었던 시절, 우리 집에는 작가 슈테판 헤름린(Stephan Hermlin)의 연설과 에세이, 인터뷰 모음집이 있었다. 아버지는 이 책을 좋아해서 이따금 마음에 드는 구절을 우리에게 읽어주었다. 헤름린은 동독의 작가(그때까지만 해도 통일 전이었다)였으며 6장에서 언급한 도로테엔슈타트 공동묘지에 잠들어 있다. 그는 나이 든 공산주의자였고 당의 고위급 간부와 친분을 유지했는데도 당에 대한 충성심을 자주 의심받았다.

1978년 5월에 열린 한 작가회의에서 헤름린은 자신을 비판하고 의심하는 사람들 앞에서 스스로를 변호했다. 그는 자기 자신을 '후기 부르주아적' 작가라고 소개했는데, 그를 반대하는 이들에게는 타락을 연상케 하고, 지나치게 복합적으로 정제된 듯한 느낌을 안겨줬을 것이다. 하지만 헤름린은 자신의 박식함과 뛰어난 미학적 취향, 역사의식을 변명할 생각이 조금도 없었다. 오히려 그와 반대로 마르크스주의 자체를 하나의 프로젝트로 묘사했다. 동베를린 관중 앞에서 헤름린은 이렇게 말했다. "사실 공산주의 작가는 과거와 미래를 지향하는 모든 유토피아를 꿈꾸는 자이며, 이교도와 성스러운 순교자의 자식이다. 스파르타쿠스의 후손인 동시에 아시시 성의 프란체스코 후손이다."

마르크스주의를 떠나서 슈테판 헤름린의 당당한 등장은 교양인만이 누릴 수 있는 내면의 자유를 잘 드러내준다. 그 누구도, 그의 친구나 동료 당원들조차도 헤름린을 '지금 여기'에 묶어둘 수 없다고 생각했다. 그는 언제든지 동화 속 상상의 세계로, 사고의 고산지대로, 역사의 동굴로 떠날 수 있는 사람이었다. 헤름린은 19세기 중반에 오스트리아 작가 프란츠 그릴파르처(Franz Grillparzer)가 쓴 짧은 즉흥시를 낭송하며 자신의 변론을 마무리했다. 만약 교양의 나라에서 부를 국가가 필요하다면, 나는 이 네 개의 행에 음을 붙여 부르겠다.

"우리의 시대가 내게 맞선다면,

그저 그렇게 내버려 두리라.

나는 다른 시대에서 온 자이며,

다른 시대로 가길 희망하나니."

박은결

독일어 번역가. 연세대학교 영어영문학과와 한국외국어대학교 통번역대학원 한독과를
졸업했다. 역서로 『죽은 자가 말할 때』, 『자유로운 이기주의자』, 『당신의 속도로, 당신의
순간에, 날마다 용감해지기』 등이 있다. 출판번역 에이전시 글로하나에서 다양한 분야의
독일서를 번역하고 있다.

빌둥

초판 1쇄 인쇄 2022년 12월 12일
초판 1쇄 발행 2022년 12월 19일

지은이 얀 로스
옮긴이 박은결
펴낸이 김선식

경영총괄이사 김은영
콘텐츠사업본부장 임보윤
기획편집 한다혜 **디자인** 윤유정 **책임마케터** 이고은
콘텐츠사업1팀장 한다혜 **콘텐츠사업1팀** 윤유정, 성기병, 문주연
편집관리팀 조세현, 백설희 **저작권팀** 한승빈, 김재원, 이슬
마케팅본부장 권장규 **마케팅2팀** 이고은, 김지우
미디어홍보본부장 정명찬 **디자인파트** 김은지, 이소영 **브랜드관리팀** 안지혜, 오수미, 송현석
크리에이티브팀 임유나, 박지수, 김화정 **뉴미디어팀** 김민정, 홍수경, 서가을
재무관리팀 하미선, 윤이경, 김재경, 안혜선, 이보람
인사총무팀 강미숙, 김혜진 **제작관리팀** 박상민, 최완규, 이지우, 김소영, 김진경, 양지환
물류관리팀 김형기, 김선진, 한유현, 민주홍, 전태환, 전태연, 양문현, 최창우
외부스태프 교정 신혜진 조판 노경녀

펴낸곳 다산북스 **출판등록** 2005년 12월 23일 제313-2005-00277호
주소 경기도 파주시 회동길 490
전화 02-702-1724 **팩스** 02-703-2219 **이메일** dasanbooks@dasanbooks.com
홈페이지 www.dasan.group **블로그** blog.naver.com/dasan_books
종이 IPP **인쇄** (주)북토리 **제본** 국일문화사 **후가공** 평창피앤지

ISBN 979-11-306-9593-8 (03190)

다산북스(DASANBOOKS)는 독자 여러분의 책에 관한 아이디어와 원고 투고를 기쁜 마음으로 기다리고 있습니다.
책 출간을 원하는 아이디어가 있으신 분은 다산북스 홈페이지 '원고투고'란으로 간단한 개요와 취지, 연락처 등을 보내주세요.
머뭇거리지 말고 문을 두드리세요.